四川历史名人丛书
传 记 系 列

陈谷嘉—著

张栻传

天地出版社 | TIANDI PRESS

四川历史名人（第二批）丛书编委会名单

主　任：罗　勇

副主任：李　强　陈大利　王华光　马晓峰

委　员：谭继和　何一民　段　渝　高大伦　霍　巍
　　　　　张志烈　祁和晖　林　建　杨　政　黄立新
　　　　　唐海涛　常　青　泽仁扎西　侯安国　张庆宁
　　　　　李　云　蒋咏宁　张纪亮

四川历史名人（第二批）丛书总序

——传承巴蜀文脉，让历史名人"活"起来

文化是民族的血脉。文化兴国运兴，文化强民族强。

党的十八大以来，习近平总书记以政治家的战略眼光，以唯物主义的科学态度，从中华文化的思想内涵、道德精髓、现代价值和传承理念等方面多维度、系统化地阐述了对待中华文化的根本态度和思想观点。他将中华优秀传统文化提升到"中华民族的基因""中华民族的根和魂"的崭新高度，指出"一个国家、一个民族不能没有灵魂"，要"加强对中华优秀传统文化的挖掘和阐发"，努力实现传统文化的"创造性转化、创新性发展"。

中华文化源远流长，积淀着中华民族最深沉的精神追求，是中华民族独特的精神标识，为中华民族生生不息、发展壮大提供了丰厚滋养。与古印度、古埃及、古巴比伦文明相较中华文明至今仍然喷涌和焕发着蓬勃的生机。四川作为中华文明的重要发源地之一，历史文化源通流畅、悠久深厚。旧石器时代，巴蜀大地便有了巫山人和资阳人的活动，2021年公布的全国十大考古发现之一的稻城皮洛遗址，为研究早期人类迁徙提供了丰富材料。新石器时代，巴蜀创造了独特的灰陶文化、玉器文化和青铜文明。以宝墩文化为代表的古城遗址，昭示着城市文明的诞生；三星堆和金沙遗址，展示了古蜀文明的不同凡响；秦并巴蜀，开启了与中原文化的融通。汉文翁守蜀，兴学成都，蜀地人才济济，文风大盛。此后，四川具有影响力的文人学者，代不乏人。文学方面，汉司马相如、王褒、扬雄，唐陈子昂、李白、薛涛，宋苏洵、苏轼、苏辙，元虞集，明杨慎，清李调元、张问陶，现当代巴金、郭沫若等，堪称巨擘；史学方面，晋陈寿、常璩、宋范祖禹、张唐英、李焘、李心传等，名史俱传；蜀学传承，汉严遵，宋三苏、张栻、魏了翁，晚清民国刘沅、廖平、宋育仁等，统序不断，各领风骚。此外，经过一代代巴蜀人的筚路蓝缕、薪火相传，还创造了道教文化、三国文化、武术文化、川酒文化、川菜文化、川剧文化、蜀锦文化、藏羌彝民族文化等，都玄妙神奇、浩博精深。瑰丽多姿的巴蜀文化，是中华文化的重要组成部分，是四川人的根脉，是推动四川文化走向辉煌未来的重要基础。记得来路，不忘初心，我们要以"为往圣继绝学"的使命担当，担负起传承历史的使命和继往开来的重任，大力推动巴蜀文化的传承、接续与转化，让巴蜀文化的优秀基因代代相传。

"四川历史名人文化传承创新工程"是深入贯彻习近平新时代中国特色社会主义思想，践行"两个结合"，推动中华优秀传统文化创造性转化、创新性发展的生动实践。自2016年10月提出方案，2017年启动实施，推出首批十位四川历史名人，彰显了历史名人的当代价值，推动了中华优秀传统文化传承发展。2020年6月，经多个领域权威专家学者的多次评议，又推出文翁、司马相如、陈寿、常璩、陈子昂、薛涛、格萨尔王、张栻、秦九韶、李调元等十位第二批四川历史名人。这十位名人，从汉代到清代，来自政治、文学、思想、教育、科学、史学等领域，和首批历史名人一样，他们是四川历史上名人巨匠的杰出代表，在各自领域造诣很高，贡献突出：文翁化蜀兴公学，千秋播德馨；相如雄才书大赋，《汉书》称"辞宗"。陈寿会通古今写三国，并迁双固创史体；张栻融合儒道办书院，超熹迈谦新理学。薛涛通音律、善辩慧、工诗赋，女中豪杰；格萨尔王征南北、开疆土、安民生，旷世英雄。陈子昂提倡兴寄风骨，横制颓波，天下质文翕然一变；李调元钟情乡邦文献，复兴蜀学，有清学术旗鼓重振。常璩失意不愤，潜心历史、地理、人物，撰《华阳国志》，成就中国方志鼻祖；秦九韶在官偷闲，精研天文、历律、算术，著《数书九章》，站上世界数学顶峰。

"四川历史名人丛书"的编纂出版，是深入贯彻落实中央《关于加强和改进出版工作的意见》和中办、国办《关于推进新时代古籍工作的意见》精神，推动四川出版高质量发展的重大举措，是传承巴蜀文明、建设文化强省、振兴四川出版的品牌工程。其目的是深入挖掘历史名人的思想精髓，凝练时代所需的精神价值，增强川人的历史记忆，延续中华文化的巴蜀脉络，推动中华文化传承创新，为实现中华民族伟大复兴提供精神力量。

"四川历史名人丛书"的编纂出版，始终坚持正确的政治方向、出版导向、价值取向，深入挖掘名人的精神品质、道德风范，正面阐释名人著述的核心思想，借以增强川人的文化自信，激发川人了解家乡、热爱家乡、建设家乡的澎湃力量；始终坚守中华文化立场，着力传承中华文化的经典元素和优秀因子，促进人民在理想信念、价值理念、道德观念上团结一致；始终秉承辩证唯物主义和历史唯物主义观点，用客观、公正、多维的眼光去观察历史名人，还原全面、真实、立体的历史人物，塑造历史名人的优秀形象，展示四川文化的独特魅力，让历史名人文化为今天的社会发展提供精神动能。

"四川历史名人丛书"的编纂出版，注重在创新上下功夫，遵循出版规律，把握时代脉搏，用国际视野、百姓视角、现代意识、文化思维，将思想性、知识性、艺术性、可读性有机结合，找到与读者的共振点，打造有文化高度、历史厚度、现代热度的文化精品，经得起读者检验，经得起学者检验，经得起社会检验，经得起历史检验；注重在质量和水平上下功夫，立足原创、新创、精创，努力打造史实精准、思想精深、内容精彩、语言精妙、制作精美的文化精品，全面提升四川出版的知名度和美誉度，为建设文化强省、助推治蜀兴川再上新台阶提供思想引领、舆论推动、精神鼓励和文化支撑，为增强中华文化影响力贡献四川力量。

四川历史名人（第二批）丛书编委会
2022年4月5日

第一章 张栻生平传略

一、张栻的生平 _ 003

二、张栻的仕途经济 _ 009

第二章 张栻本体论的逻辑结构体系

一、太极说 _ 019

二、性说 _ 023

三、理说 _ 027

四、心说 _ 031

第三章 张栻认识论思想体系的特色

一、识心与明心 _ 037

二、"居敬"与"格物致知" _ 042

第四章 张栻的人性哲学

一、天命之性 _ 049

二、气禀之性 _ 055

三、人性与教育 _ 059

第五章 张栻的圣德王功之学

一、内圣之学 _ 065

二、王功之学 _ 075

第六章 张栻的道德学说及道德规范系统

一、以性为本体的道德说 _ 087

二、义务本位的道德规范系统 _ 093

第七章 岳麓书院的创建与张栻的教育思想

一、岳麓书院的创建 _ 101

二、岳麓书院发展的历史 _ 103

三、张栻的教育理念 _ 105

四、主张"天理人欲同行异情"的天理人欲之辩 _ 109

第八章 张栻与湖湘文化

一、"天下之言理者，性也" _ 115

二、性本体，为人类设计了一个以人为中心的社会发展框架 _ 118

第九章 张栻与湖湘学派

一、湖湘学派学术的基本特征 _ 125

二、湖湘学派是个人才群体 _ 129

第十章　张栻湖湘学与朱熹闽学

　　一、"同归而一致"的道友_155

　　二、"缴纷往反"的论敌_163

附录一　张栻《论语解》_171

附录二　张栻《孟子说》_179

附录三　张栻学记内容概述_187

后　　记_193

第一章 张栻生平传略

张栻是南宋著名思想家，与朱熹、吕祖谦齐名，并称"东南三贤"。他渊源濂洛，危微继嗣，坐皋比而授经，又是著名的教育家。他在岳麓书院奠定了理学阵营中颇有影响的湖湘学派的基础，成为继胡宏"开湖湘学统"之后，湖湘学派的另一个杰出代表。张栻的思想对湖湘文化近千年的发展产生了深远的影响。正由于他在学术和思想上的地位和影响，被《宋史》列入了远比《儒林传》更高的《道学传》。

张栻一生以圣贤自期，奋济时艰、"匡扶社稷"为志，力主抗金，反对投降和议，表现出满腔的爱国热忱。他虽仕途多艰，但勤政爱民，政绩亦著，被人赞叹"南朝真有如此能人"，即使是最高统治者宋宁宗亦为张栻的事迹所感动，追谥其曰"宣"，后世尊称"张宣公"。宋理宗景定二年（1261）正月，诏封张栻为"华阳伯"，并从祀孔子庙庭。

一、张栻的生平

张栻,字敬夫(一字钦夫),又字乐斋,号南轩,世称"南轩先生",汉州绵竹(今四川绵竹)人。绵竹位于四川北部,地处沱江上游,为西蜀名邑,益州重辅。此处虽为僻邑,但两汉以还,英烈名贤彪炳于汗青者颇多。宋高宗绍兴三年(1133),即八百多年前,张栻便诞生在居于此的南宋中兴名相张浚的家中,为张浚之长子。

根据史书记载,张栻出生在历代仕宦的家庭,为汉代张良之后,系唐代玄宗朝宰相张九龄弟即节度使张九皋的十四世孙。先祖原居长安,于宋真宗咸平年间由曾祖母杨夫人携子移居四川绵竹。从曾祖父定居四川,家门不衰,几代仕宦,且政声广播。曾祖父张铉,自号希白先生,于宋仁宗庆历元年(1041)诏举茂才异等,以上疏《平戎策》名于世,被知雷州,花甲之年曾以殿中丞致仕。祖父张咸,于神宗元丰二年(1079)登进士第,历任州县职事。哲宗元祐三年(1088),举贤良方正能直言极谏科,以奏篇列为天下第一,授宣德郎,旋签书剑南西川(今四川成都)节度判官厅公事。父亲张浚,为南宋中兴名相。张浚一生志在恢复中原,力主抗金;反对女真氏族贵族发动的战争,为时人所景仰。张浚曾在钦宗、高宗、孝宗三朝供职,官除枢密使,功封魏国公。

张栻虽生于西蜀,实长于南楚。他仅八岁(1141)便离开故里四川,随父亲张浚到长沙,此后定居长沙城南,卒后与其父张浚一样,安葬在长沙之西、衡山西北的宁乡沩山。湖南是他的第二故乡。

张栻的家庭有良好的家教传统，他的先辈多得于家学的熏陶，他的父亲——一位极人臣的相国张浚便从小受到母亲计氏夫人的悉心教育和家学的熏陶。张浚四岁时，父亲张咸病逝，母亲计氏夫人尚是二十四岁的青春年少的女子。张氏族人基于计夫人年少，劝其改嫁，但计氏不从，决心抚养儿子成人，孤儿寡母遂相依为命。计氏夫人系大家闺秀，其家族三代举进士，三代为高官，从小就受过良好的教育。计氏夫人身挑母和父的双重职责，不但从生活上悉心抚养儿子，而且她像古时的孟母一样，精心地教育和培养儿子成人。计氏夫人利用祖父张铉以来几代仕宦家教材料，时时以祖父和父亲尽忠报国的言行事迹教育儿子张浚，常语曰："门户寒苦，赖尔成血，当朝夕以尔祖尔父为念。"张浚谨遵母训，潜心苦读，孜孜以求，以至于老师苏元老也不甚感叹说："张氏盛德，乃有是子，致远未可量也！"母亲计氏夫人不仅教诲张浚如何继承先祖的学问，尤其注意对张浚进行为国家和民族建功立业的教育。可以这样说，这种教育伴随他的一生。张浚为朝廷重臣时，值秦桧专权横行，亿兆不宁，张浚急想上本疏论，但担心招祸连累年老的母亲。母亲计氏夫人得知儿子心事之后，便将先夫张咸在绍圣（1094—1098）初举贤良方正对策之词诵读给张浚听："臣宁言而死于斧钺，不能忍不言而负陛下。"她还告诫儿子办事须以国家大事为重，不要计较个人与家庭的安危。张浚在母亲的严责下，于绍兴十六年（1146）向高宗上了满怀忠义和痛斥权奸秦桧的奏疏。

张浚在北伐中原时，由于李显忠与邵宏渊二将军不和，导致符离之战失利。当时主和派借机攻击张浚，动摇抗金的军心，许多官员只知谋身自保，把抗御金国之事抛在脑后。为了安定军心，也为了表示抗金矢志不移，正当人们忙于转移家室避难之际，张浚特命长子张栻把老母及家室从建康搬到前线的扬州，老母及张浚的妻室虽不能效命疆场，但从精神上给了张浚巨大支持。张浚自幼萌生爱国之志便是得力于良好的家教传统，他一生志在恢复中原，这与家庭的教育和熏陶是分不开的。

良好的家教传统父传子继，连绵不绝。到张浚主家时，他同样以先辈的传统教育张栻等。张栻从小就受到家学的熏陶，当张栻四岁时，张浚便教之以忠孝之义。朱熹所作《右文殿修撰张公神道碑》云："生有异质，颖悟夙成，忠献公爱之，自其幼学，而所以教者，莫非忠孝仁义之实。"张栻生有异质未必可信，但自幼好学则是事实，这是得力于其父的精心培养。张浚仕途并不通达，曾有几次落职，然而他对儿子张栻的教育却始终一贯，抓得很紧。绍兴十六年（1146），张浚落职连州，这时栻年仅十三岁。张浚开始对张栻进行系统的儒家经典与圣人之道的教育，《行状》云："……独絜子侄住，日夕读《易》，亲教授其子栻。"张栻在父亲的悉心教诲下学业大进，虽年少，但脱然可语圣人之道，其事迹不胫而走，传之遐迩，就连当时的皇帝宋高宗亦有耳闻。宋人罗大经《鹤林玉露》云："宋高宗尝问张魏公：'卿儿想甚长成。'魏公对曰：'臣子栻年十四，脱然可语圣人之道。'"

张栻十五岁已成为一个饱学少年，在学林中崭露头角。《宋史·王大宝传》说：大宝知连州，张浚亦谪居，命子栻与讲学。在文辞方面，张栻也不凡，常与宋翔（湖南帅司参议官）等有诗词来往，彼此酬唱。至二十三岁，张栻理学思想已初步形成，是岁他著《悫斋铭》便是重要标志。其文说："士或志近，辨给智巧；学之不知，其器则小。天下之理，惟实为贵；实不在外，当悫于己。不震不摇，物孰加之；以此操行，谁曰不宜？"在此张栻不仅提出了湖湘学派以"实为贵"的经世思想，还提出了"实不在外，当悫于己"的察识涵养的为学之方，并以此作为座右铭。

综观张栻幼承家学，主要有三个方面：

其一，在学术思想方面，从小就接受了儒家经典的熏陶，特别是"易学"对其影响尤深。张浚对《易》颇有研究，曾得蓬州老儒严赓的推许，二人因对《易》的言投意合而结忘年之交。张栻十三岁其父专门以《易》加以教导。张栻为此深攻《易》，并著《南轩易说》，这显然是受了家学的影响。

其二，张浚在修德立政方面也给了张栻以深刻的影响。首先，张浚虽位极人臣，官至一朝宰相，但居官廉洁，两袖清风。据《鹤林玉露》记载，绍兴七年（1137）十月，因权奸排挤，张浚落职离朝，正当携箱离京时，投降派向高宗诬告张浚箱中藏有自谋独霸西蜀的文书信件。高宗派人搜查，竟发现其随身之物尽是经书典籍和诸子百家之类，除此之外，只是陈旧破敝的葛裘布衾。高宗闻此感叹说："张浚一贫如此哉！"为此赐张浚三百金。这种为官廉洁的作风，对张栻的影响很大。张栻自幼以孔门高徒颜回自期,以颜子"一箪食,一瓢饮,在陋巷,人不堪其忧,回也不改其乐"为职志,为此作《希颜录》上下篇,以期做清心寡欲、安贫乐道的颜子式圣人。他一生克己奉公,洁身自好,这是与家学的熏陶分不开的。其次,在为官当政必须选贤与能方面,张栻受其父的影响更是明显。张浚执掌朝政时,曾明确提出"治道之本莫大乎辨君子小人之分"。尤其难得的是,他对君子与小人的含义做了前人所不及的界定。他说:"正人如松柏,特立不倚;邪人如藤萝,非附他物不能自起。"接着把"君子"与"小人"做了详细的质的区别。何谓君子?"大抵不私其身,慨然以天下百姓为心,此君子也。"何谓小人?"谋身之计甚密,而天下百姓之利害我不顾焉,此小人也。"张栻始终抓住了公与私的问题作为区分君子与小人的根据。他又说"志在于为道,不求名而名自归之,此君子也",而小人则与此相反,"志在于为利,掠虚美,邀浮誉,此小人也"。不仅如此,他认为君子与小人在作风和气质方面也有严格的区别,指出:"其言之刚正不挠,无所阿徇,此君子也;辞气柔佞,切切然伺候人主之意于眉目颜色之间,此小人也。"还说:"乐道人之善,恶称人之恶,此君子也;人之有善,必攻其所未至而掩之,人之有过,则欣喜自得如获至宝,旁引曲偕,必欲开陈于人主之前,此小人也。"另外,他还指出君子与小人的区别还表现在另一个方面,"难进易退,此君子也;叨冒爵禄,蔑无廉耻,此小人也"(《宋史·张浚传》)。张浚从以上五个方面,详尽地论述了君子与小人的区分,并以此躬行实践,史称为亲君子、远小人的贤相。张栻秉承父教,一生以亲君子、远小人为治道之本,并以此屡言劝说孝宗,尤为感人的是,当他"病亟且死,犹手疏劝上以亲君子、远小人,信任防一己之偏,好恶公天下之理,以清四海,克固丕图,若眷眷不能忘者。写毕,缄付府僚使驿上,而顷乃绝"(《宋史·道学传》)。

其三,也是最重要的方面,张栻深受父亲张浚抗金思想影响。张浚一生志在恢复中原,虽遭高宗及权奸打击,但矢志不移,他对儿子也时刻不忘对此的教导。张浚临终时,把张栻、张枃叫到病榻前,别无吩咐,唯独嘱托说:"吾尝相国,不能恢复中原,尽雪祖宗之耻,即死不当归葬先人墓左,葬我衡山下足矣。"(《宋史·张浚传》)张栻牢记父训,从幼年起随父参与军机,一生反对和议，始终"与金虏不同天日"。

综上所述，正如杨万里上皇帝疏所说："臣窃见左司郎中张栻有文武之才，有经济之学，盖其父教养成就之三十年，以为陛下之用，陛下知之亦十年矣。"张栻受家学的教育和培养，这是时人所共认的。

在张栻一生中，除了家学的影响，湖湘学派的创始人胡宏对他的影响也是极为重要的。绍兴三十一年（1161），张栻二十八岁，他奉父亲之命，往衡山拜胡宏为师，请教河南二程（程颢、程颐）之学。

胡宏（1106—1162），字仁仲，号五峰，学者称五峰先生，福建崇安人。胡宏是著名理学家，《宋元学案》说："中兴诸儒所造，莫出五峰之上。"又说胡宏"卒开湖湘之学统"。胡宏是理学阵营中颇有影响的湖湘学派的奠基人。张栻曾评价胡宏："诚道学之枢要，制治之蓍龟。"胡宏为人具有强烈的匡世扶艰的精神，以荫补承务郎，因与秦桧政见不和，不愿与秦同流合污，故不调；秦桧死后被召，只因朝廷腐败，又托疾不赴，优游衡山二十余年，潜心问学，一身骨气，被称为"凛风大雪中昂然挺立的雪松"。胡宏收张栻为徒，虽然是经反复考虑才做出的决定，但了解张栻之后，极为器爱，"见知其大器，即以所闻孔门论仁亲切之旨告之"，并谆谆告诫说："为学是终身事，天地日月长久。断之以勇猛精进，持之以渐渍熏陶，陟遐自迩，故能有常而日新。"张栻得名师指点，学问大进，便把立志之作《希颜录》呈献老师指正。如前所述，《希颜录》是张栻二十九岁时受家学影响所作。他以颜子自期，立志做一个圣人，因此广泛搜集《论语》《孟子》《易》《中庸》诸书所记颜子言行，旁采王肃《家语》、扬雄《法言》及其他有关颜子的记载，写成《希颜录》上下篇，早晚诵览，每日三省。胡宏对《希颜录》细抠审读，加以批改，一方面称赞张栻"稽考之勤"，另一方面指出"先贤之语，取舍大是难事"，勉其精益求精。胡宏对张栻的好学极加赞赏，并说"圣门有人，吾道幸矣"。张栻的学术深得胡宏的教诲，而胡宏的理学思想有赖于张栻的继承和发扬。湖湘学派开创于胡宏，确立湖湘学派并被称为"湖湘学最盛"的则是张栻。师生二人是湖湘学派的奠基人。

张栻从胡宏学后，他四方交友，奔走讲学，与朱熹、吕祖谦、杨万里、张孝祥、陆游、辛弃疾等讲学为友，深思明辨，精益求精；并与胡安国之后裔胡本原

（字季立）、胡实（字广仲）、胡大原（字伯逢）以及吴祖笠（字晦叔）、吴祖俭（字子约）、彪居正（字德美）等人往来密切，互相释难析疑。张栻先后在宁乡城南书院、衡山南轩书院、善化（今长沙）岳麓书院、湘潭碧泉书院等处聚徒讲学。特别是主教岳麓书院期间，张栻于教育贡献极大，为岳麓书院近千年的发展奠定了基础。张栻在此广收生徒，传授湖湘之学，拓展了湖湘学派的规模，声名极一时之甚。张栻融家学与胡宏之湖湘学于一体，从而形成了自己的思想体系，成为著名的思想家和教育家。

张栻一生勤学，著述宏富，有《南轩易说》十一卷、《书说》（无卷数）、《论语解》十一卷、《孟子详说》十七卷、《癸巳孟子说》七卷、《经世纪年》二卷、《通鉴笃论》四卷、《诸葛武侯传》一卷、《奏议》十卷、《希颜录》一卷、《伊川粹言》二卷、《洙泗言仁》《太极释义》等。张栻逝世以后，朱熹编《南轩文集》四十四卷、无名氏编《南轩先生回答》四卷、蒋迈编《南轩语录》十一卷，并行于世。张栻正当年而谢世，然而他在学术上的地位及给后人的思想影响是非常大的，特别是对近千年湖湘文化的发展影响尤巨。

二、张栻的仕途经济

张栻不仅是个思想家,而且是政治上的干国良臣,其官场生涯虽比学术生涯短,然而政绩亦著。张栻居官十余载,大半时间在地方州府任上,先后知严州(今属浙江)、袁州(今属江西)、静江(今属广西)、江陵(今属湖北)诸州府。张栻最初以父荫补右承务郎,于绍兴三十二年(1162)正式步入仕途。张栻志在报国,第一次奉召与宣抚判官陈俊卿赴行在,便以发愤图强恢复中原上奏孝宗。《行状》说:"栻赴行在公进言曰:陛下上念宗社之仇耻,下悯中原之涂炭,惕然于中,而思有以振之,臣闻此之发即天理之所存也,诚愿益加省察。"把抗金主战提到"天理之所存"的高度,这是视反对金国氏族贵族的侵略战争为神圣的事业,其顺乎人心,符合天意,自不待言,与此相违背则是反天理,似此论和战问题当时实不多见。隆兴元年(1163),父亲张浚出督,奏请张栻充机宜,以军事入见皇帝,孝宗颇异其才,乃授张栻以直秘官。《宋史·赵方传》说:张栻"累以策言兵事,浚奇之"。不仅如此,其他将帅问张栻之兵事者也常有之,湖南安抚使刘珙曾向张栻"访问筹策,卒用以破贼",平定了柳州李金的叛乱,从而为刘珙所推尊。刘珙于乾道新三月举荐于朝廷,授抚州府又任严州知府。张栻虽初任州府,但对国事久有谋虑,奏言皇上说:"先王所以建事立功无不如志者,以其胸中之诚有以感,格天人之心而与之无间也。今规画虽劳,而事功不立,陛下诚深察之……亦有私意之发以害吾之诚者乎!"(《宋史·道学传》)张栻虽为朝臣,但他并不粉饰太平,对上歌功颂德,对己自谈自唱、自足自乐,却似司马迁、白居易,"草萤有耀终非火,荷露虽团岂是珠","常人安于故俗,学者溺于所闻",他所看到的是"危机""失败""困境",像"子规夜半犹啼血,不信东风唤不回",屡以危言规劝皇帝,希冀重整山河,奋起中华。虽然张栻把希望寄托在皇帝身上,是种幻想,最多也只是一种理想,然而这种杜鹃啼血之声正是受苦受难人民的呼喊,正是国家和民族危机意识的反映,儒家传统的忧患意识在张栻身上得到了集中体现。

张栻在朝不到一年,曾被皇帝召见六七次,向上所言者大都痛陈国失,只要有机会便要报国忧。乾道七年(1171)二月,朝廷大开经筵,以张栻为讲官,专为孝宗讲解《诗经》。当讲解《葛覃》一篇时,他联想起民间疾苦和中原人民遭受金兵蹂躏的惨状,情不自禁,改容敛衣,向孝宗皇帝大胆直言说:"治常生于敬畏,乱常起于骄傲,使为国者每念稼穑之劳,而其后妃不忘织纴之事,则心之不存者寡矣。周之先后勤俭如此,而其后世犹有以休蚕织而为厉阶者,兴亡之效于此见矣。"(《宋史·道学传》)皇帝虽然听惯了颂德歌功之辞,但有时慑于时局之危,也不得不听另一种危言之声,不得不做些姿态,对张栻的直言表示嘉叹,因而赐对,谕授张栻为讲官。不仅如此,孝宗还采纳了张栻的某些主张。如朝廷任命史正志为发运使,名为平均输税,实为巧取豪夺。对此,张栻进言孝宗。孝宗对张栻说:"正志以为今但取之诸郡,非取之于民,何伤?"张栻回答说:"今日州郡财赋大抵劫掠无余,若取之不已,而经用有阙,则不过巧为名色而取之于民耳!"孝宗感慨系之,对张栻说:"论此事者多矣,未有能及此者。如卿之言,是朕假手于发运使以病吾民也。"于是孝宗下诏废除均输法。

张栻虽然在朝居官时间不长,但他感受的是危机与困惑,皇帝尚且安于现状,更不说皇帝属下的群臣了。最使张栻担忧的是,朝廷不能举贤任能,相反的却是奸臣佞妄当道,他为此常犯颜弹劾。乾道七年(1171)三月,诏原知阁门事张说签书枢密院事。张说之妻为高宗皇后之妹,张说以此裙带关系得以擢拜枢府。张栻得知此事,连夜草疏皇帝,极谏其不可,并亲自诣朝责问宰相虞允文:"宦官执政自京黼始,近习执政自相公始。"其后,张栻又向孝宗启奏:"文武之势,诚不可太偏,然今欲左文右武以均两柄,而所用乃如此之人,非惟不足以服文吏之心,正恐反激武臣之怒也。"虽然他的痛陈未纳,但却针砭了朝政之昏暗，同时也招致了宰辅与群臣的反对，"于是宰相益惮之，而近习尤不悦，退而家居"（《宋元学案·南轩学案》）。虽然如此，但他匡扶社稷的精神却长留汗青，史称："先生为人坦荡，明白表里……笃其乐于闻道而勇于徙义，则又奋励明决，无毫发滞吝意。"

南宋朝廷始终处于动乱不安的状态，当时最危急的是金人入侵的外患，女真氏族贵族对宋发起的掠夺性战争使中原人民蒙受了极大的灾难，社会经济也遭到了极大破坏。南宋朝廷步步退让，屈膝求和，而金国却步步紧逼。因此，战与和实际上成为决定南宋朝廷安危的关键，成为被战争蹂躏的人民最关切的问题。正是在这个问题上，张栻满腹忧患，不仅奔走呼号，屡屡上表疏论，要求最高统治者决心抗战，还参与军戎，参赞军务。筹划北伐，便成为他仕途生涯的重要内容。隆兴元年（1163）正月，其父张浚为枢密使，于建康开府治戎，准备兴师北伐，收复中原。此时年仅三十岁的张栻被挑选入幕府，参与军政要务。五月，张浚率师北伐，首奏凯歌，攻下灵璧、虹县二城。只因部将邵宏渊与李显忠不和而内耗，复致符离之败。在此军情危急之时，张栻随父坚守盱眙，并北渡淮河进入泗州前线，稳定了军心与民心，表现出张栻的忠和勇。

由于有符离之战败，孝宗遭到主和派的包围，这对于本来抗战决心就不大的孝宗皇帝来说正是排斥抗战派的最好时机，于是起用秦桧死党汤思退为右相，又派卖国的卢仲贤出使金营议和。张浚父子在前线闻此消息，心急如焚。张栻奉父命急赴行在，入见孝宗，冒斧钺之诛，慷慨陈辞，极言和议之非，奏劾卢仲贤辱国无状，擅许四州，罪当严惩。"仲贤不可不其罪，朝廷与为表里不可不察"，孝宗无奈只好下诏，将卢仲贤交付大理寺论罪，夺三官。

孝宗作为最高统治者集权柄于一身，他的动摇对主战派的打击是致命的，张浚父子虽如子规啼血，但东风唤不回，这是封建专制统治下爱国赤子的悲剧。隆兴二年（1164）四月，在奸相汤思退一伙投降派的排挤打击下，张浚再次被逸去位，张栻随父罢归。朝廷停战罢兵，割地求和，签订了屈辱的"隆兴和议"。张浚被罢相后不久，饮恨逝世于江西余干。国难未除，父亲又丧，国恨家伤交织一起，张栻心中无限悲愤，偕同弟张杓护送父亲灵柩归葬湖南宁乡。丧事料毕，连夜草疏上奏，痛陈国失之原因乃在朝廷主战不定，一腔爱国热忱溢于言表。奏疏说:"吾与金虏不同天日者,虽尝诏以缟素出师,而玉帛之使未尝不蹑其后,是以和战之念杂于胸中,而至诚恻怛之心,无以感格乎天人之际,此所以事屡败而功不成也。"为了打消孝宗苟安求和的怯懦心理,张栻进而规劝说:"今虽悉为群邪所误,以至于此,然能以是为鉴而深察之,使吾胸中了然无纤芥之惑,然后明诏中外,公行赏罚,以快军民之愤,则是乃所以为破虏之一奇也。"并且满怀激情地对孝宗说:"破虏之后,益坚此心,誓不言和,专务自强,虽折不挠,使此心纯一,贯彻上下,则迟以岁月,亦何功之不成哉!"然而张栻等的悲剧源自把和议投降派的首领孝宗当作主战英雄供奉,因而他们的慷慨陈辞均无效用,他们的救国理想终成泡影。张栻这番救国的宏论疏入不报,壮志未酬,张栻只得落职屏居旧庐。接着家事多乖,淳熙六年(1179),长子没江陵府署,张栻家居三年,不闻国论,然而国势之危无法使他安静,虽不在位,仍夙夜孜孜,"反身、修德、爱民、讨军,以俟国家扶义正名之举,尤极恳至"。孝宗得闻,"益知公可用,尝赐手书,褒其忠实,盖将复大用之"。但张栻已卧床不起,不能效命了。这大概是封建社会的一个常见现象,忠臣良将生前不得重用,甚至遭排斥打击,死后朝廷却要来一番褒奖的旌表。封建朝廷这番姿态并不是重用和爱惜人才,而是一种笼络人心之举。

爱国包括两个最基本的方面,对外抵御侵略,对内爱护人民。虽然"爱国主义"是个历史范畴,各个时代、各个阶级对此有不同理解,但也有共同或相似之处。进步思想家或政治家,在对待人民的问题上要有所作为,要做出一些对人民有利的事情。在这点上,张栻也是如此。关心民瘼,拯救民生,这是张栻仕途经济另一个重要内容。张栻居官大都在地方任上,他从战乱频仍和灾荒迭出的现实出发,提出宽养民力的主张。乾道五年(1169),张栻知抚州,后又改知严州,曾向孝宗上本说:"恢复之地,当先有以得中原之心,欲得中原之心,当先有以得吾民之心。求所以得吾民之心者,岂有他哉,不尽其力,不伤其财而已矣。"为了反对苛政,张栻遍访严州民间疾苦,针对严州丁盐钱绢的沉重负担,据实与朝廷力争,从而为百姓减少输税一半,得到人民的拥护。

张栻不讳现实,敢于揭露南宋社会的昏暗,敢于面对人民的困苦。乾道六年(1170)五月,张栻应召入朝,授吏部员外郎兼权左右司侍立官。当时朝廷发生了一场大的争论，以宰相虞允文为一方，大谈金国衰微可图，要求孝宗派使出往金国，请求陵寝地及改更受书礼。当时左相陈俊卿不以为然，说："陛下痛念祖宗，思复故疆，然大事须万全，俟一二年吾力稍完乃可，不敢迎合意旨以误国事。"孝宗不听，陈俊卿被迫辞掉相位，原来支持陈俊卿的群臣一个个都不敢言，此时唯独张栻敢于挺身入对。他开门见山地说："房中之事臣虽不知，然境内之事，则知之详矣。"接着他把了解到的社会现实呈述于孝宗面前："臣窃见比年诸道亦多水旱，民贫日甚，而国家兵弱财匮，大小之臣，又皆诞漫，不足倚仗，正使彼实可图，臣惧我之未足以图彼也。"张栻在对国家形势的分析上完全与虞允文相左，不谙时势的孝宗听了也感到"卿言有理"。张栻不仅敢为"民贫日甚"仗义勇言，而且还奏疏拯救民病之策。值得注意的是，他始终把"用贤养民"与抗金收复中原联系在一起，并且把前者作为后者的前提，只有安内方能御侮。如他所说："今日但当下哀痛之诏，明复仇之义，显绝金人，不与通使。然后修德立政，用贤养民，选将帅，练甲兵，以内修外攘，进退战守之事通而为一，且必治其实而不为虚文，则必胜之形隐然可见，虽有浅陋畏怯之人，亦且奋跃而争先矣。"张栻作为封建社会的地主阶级思想家，能认识到"求所以得吾民之心"为分析国家安危的出发点，实为难能可贵。

张栻在地方任上始终以"养民"为职志。淳熙元年（1174），张栻再次被起召，知静江府（今广西桂林），经略安抚广南西路。静江府开发很晚，大部分地区尚是荒僻之地，人稀地旷，百姓十分穷苦。此地本来是财乏粮缺，可是朝廷年年逼迫赋税，并且为此立下法规，命老百姓用漕司之钱运盐贩卖，将其利息的十分之四交给州府。开始时州里用费和老百姓尚可支撑，但地方官吏以为还有油水可榨，因此肆意抬高抑卖盐价，又把交纳的盐息提高了一半，老百姓为此苦不堪言。张栻到任后，为了减轻老百姓的负担，使民休养生息，不仅把盐息减为十分之三，而且乘他自己兼管漕台之便，拿出缗钱四十二万，其中以二十万作为诸仓卖盐的本钱，另以二十万作为各州运盐费用的开支，大大减轻了百姓的负担。与此同时，张栻上表朝廷，新立法规，不许漕司加取各州盐息，亦不准擅行抑卖，违者均要议罪，倘若有用上述费用以作宴饮和馈饷者，则以坐赃论处。孝宗下诏准行。

广西统辖二十五州，境内少数民族聚居。张栻很注意民族之间的团结，亲自与溪洞酋豪（少数民族首领）联好，严禁相互虏掠、彼此仇杀，做到友好相处。另外，为了减轻百姓的劳役，一方面裁汰冗员，凡青壮年加以军事训练者，严禁加派其他劳役。针对有的州军费不足的情况，不许对百姓加重赋税，命令漕司用盐本羡钱（盈余的钱）加以补助。针对朝廷每年从横山买马以应军需的情况，他实地察访，得知地方官员从中渔利，侵扰人民，为此疏列六十余条上报朝廷，革除弊政，马政为之一新。张栻经略广西虽只四年，但政绩卓著，颇得民心。淳熙四年（1177）二月，孝宗闻知，下诏将张栻特转承事郎，进直宝文阁。

淳熙五年（1178），张栻除秘阁修撰、荆湖北路转运副使，改知江陵府（今湖北荆州）。当时荆湘北路社会很不安宁，在州郡官府的纵容和相互勾结下，盗贼四起，残害人民，四境不安。张栻到任时，便以安定社会为首要措施，《宋史》记载，一日之内被他革除的贪官污吏竟达十四人之多。帅守刘大辩无视王法，仗势作恶，邀功害民，张栻上本严加弹劾，请究其罪，虽然奏章被阻隔不报，但刘大辩劣迹终败露，从而改任他郡。在整肃官场的同时，张栻对侵渔百姓的匪盗严加缉捕，在域内伸张正义，湖北一路得以肃清。

不仅如此，张栻在任上为善教化和美风俗做了大量的事情。在静江府任上，他在亲自访闻和调查研究的基础上，得出"访闻管下旧来风俗不美事件"。于是作《谕俗文》告谕民众：一、劝告民众要自立自强，不要"遇有灾病等事，妄听师巫等人邪说，归罪祖父坟墓不吉，发掘取棺"（《南轩集·谕俗文》，下同）。这不仅是"愚民无知"的迷信，而且亦有悖于天理人情。二、当地人"丧葬不遵法度"，多为僧人妖言所惑，"及听僧人等诳诱，多作缘事，广办斋筵，竭产假贷，以侈靡相夸"，增加了不必要的负担，有甚者为此弄得倾家荡产。因此，张栻提出改风俗，主张薄葬，并指出："曾不知丧葬之礼，务在立于哀敬，随家力量使之者以时归土，便是孝顺，岂在侈靡？无益之者，有害风俗。"三、在婚俗问题上，张栻极力反对铺张，"访闻婚姻之际，亦复僭度，以财相徇，以气相高，惟帐酒食，过为华侈"，认为"以财相徇"的婚姻，不只使"男女失时"，而且往往引起"淫僻之讼"，使社会和家庭不安，因此他一反旧俗，提出"婚姻结好，岂为财物"。四、提出民众无知者，莫过于"病不服药"，妄听巫师淫祀谄祷，因循至死。张栻认为人之得病与神灵无关，病"生于寒暑冲胃"，饮食失时，自合问医用药治疗，把病归于"祈祷未至"，不予治疗，这是害于义理，不仅亲戚之间已失"孝慈之心"，而且邻里亦是失于人类同情之心。五、针对广西境内"诱引他人妻室，贩卖他处"的社会陋习，张栻大声疾呼，斥之伤风败俗，一方面晓以人伦道德教育，另一方面则主张绳之法纪。总之，张栻每到一地任上，在问政之时，均以极大精力行教化、敦风俗，兴办学校，讲人伦之道。他曾亲自主教宁乡城南书院、长沙岳麓书院等，并写了大量学记，阐明兴学的重要性。他曾自叹道："所恨无人朝夕讲道至理，以开广圣心，此实今日兴衰之本也。"（《南轩集·答朱元晦》）因此，他从政心忧天下，念念不忘江山社稷，以图中华之奋起，并深念乡风民俗之不振，力求革新以振新风。

张栻虽然用世心切，希能力挽狂澜，然而他无力回天。当时最关键的问题是最高统治者昏庸腐败，以至于上行下效，整个国家机器已不能正常运转。张栻对最高统治者虽屡有微辞，时有上本规劝，然而他只把匡扶社稷的重任寄于皇帝。他找不到治国安民的真正出路，因而一生中陷于惶惑，以致忧患成疾，于孝宗淳熙七年（1180）二月，卒于江陵，是年仅四十八岁。《宋史·道学传》曾记载，他弥留之际，"病亟且死，犹手疏劝上以亲君子、远小人，信任防一己之偏，好恶公天下之理，以清四海，克固丕图，若眷眷不能忘者，写毕，缄付府僚使驿上，而顷乃绝"。虽然这是历史的回音，但确是给后人以启迪的精神财富。历史是公道的，民心亦是公正的。张栻辞世消息传出之后，百姓为之恸哭，灵柩出江陵时，老稚挽车号恸，数十里不绝，四方贤士泣涕相吊。远在广西静江府的百姓闻听哭之更哀，深深怀念张栻在此任上的日日夜夜。在此感召下，孝宗皇帝也不得不为失去这位辅臣而嗟悼。张栻也同其父一样，灵柩没有归葬四川故里先祖墓左，而是由其弟张杓护送，葬于湖南宁乡其父墓左。

第二章 张栻本体论的逻辑结构体系

在理学阵营中颇具特色的湖湘学派，开创于胡宏，确立且被称为"湖湘学最盛"的则是张栻。张栻是湖湘学派的代表，事功学派学者陈傅良曾说："某尝获侍讲张先生所为记，及于治心修身之要，湖湘之后既知所指归。"《宋元学案》作者黄宗羲也指出："湖南一派，当时为最盛。"张栻的思想不仅影响湖湘文化近千年的发展，而且在理学中也有重要的地位。

张栻虽然四十八岁便过早离开了人世，但他在理学的一些基本问题上都有自己独到的见解，其中他所构制的本体论逻辑结构体系便很有特色。他不仅回答了世界的本原是什么的问题，而且以此为基础对宇宙万物的共同本质、事物的规律乃至主体与客体的关系，展开了全面的论证，从而构制了一个以太极、性、理、心等为基本范畴，具有层次性的本体论逻辑结构体系。

一、太极说

太极，是中国思想史上最早出现和使用最多的重要哲学概念之一。自从《易经》提出"易有太极，是生两仪，两仪生四象，四象生八卦"，中国古代思想家几乎都把太极作为宇宙的本原。从先秦至宋，对太极的讨论高潮迭起，而宋儒则把太极研究推到了一个新的阶段，其中以理学开山祖周敦颐的《太极图说》最具代表性，影响最著。

张栻同样持太极本原说，他对周敦颐的《太极图说》推崇备至，说："某尝考先生之学，渊源精粹，实自得于心。而其妙乃在太极一图，穷二气之所根，极万化之所行，而明主静之为本，以见圣人之所以立人极，而君子之所当修为者。"（《濂溪先生祠堂记》）周敦颐的《太极图说》深刻影响了张栻，"穷原太极，示我来然"，他的宇宙本体论即从太极说而展开。

首先，张栻认为太极是天地未判之前的一种混沌状态，虽难以言状，然它是宇宙的"生化之根"。他说："太极混沌，生化之根，阖辟二气，枢机群动。"（《扩斋记》）世界虽有生生之妙，然"生生者"乃太极，"易也者，生生之妙也，太极者，所以生生者也"（《答吴晦叔》）。其次，宇宙虽有二极之化、万化之所行，然穷其所根乃在太极，太极则为万物所赖以产生和变化的根源。所以他又说："夫自太极既判两仪肇焉，故阖户之坤，所以包括万物而得阴也……所以谓之通。"（《南轩易说》卷一）总之，"天地亦形而下者，一本于太极"，太极乃是万物产生并发生变化的根源，自不待言，太极是构成宇宙本体论的一个实体概念。

在张栻看来，太极又是实体概念和属性概念相结合的最高哲学范畴。他认为，太极固然是世界的本质，而且它又是世界一切运动的担当者，是运动的载体，或者说是宇宙变化的主体。他说："太极动而二气形，二气形而万物化生，人与物俱本乎此者矣。"（《存斋记》）太极不仅构成了世界发展变化及其过程，而且世界的千姿百态和千差万别的状态也是太极运动的产物。他说："二气五行，絪缊交感，其变不齐，故其发见于人物者，其气禀各异，而有万之不同也。"（《孟子说》）把世界事物的运动变化归结为太极属性，即"动"的属性表现，无疑，此"太极"具有属性概念的意义，换言之，它是实体概念和属性概念的结合。这两种概念是同时俱存而不可分离的，如果只有前者，只能回答世界本原是什么的问题，尚不足以证明作为世界本原的太极真实存在，而只有同时回答世界的生成和变化，才能证明太极的真实存在，证明太极对世界的支配和主宰作用。所以，张栻总是把实体概念和属性概念并论于太极，这是张栻太极说的重要特征之一。

那么，张栻的太极究竟是精神性实体，还是物质性实体呢？对此，张栻说得很含糊，他只是说："太极混沌，生化之根。"本来把太极作为天地未判前的混沌状态，有不少哲学家做出了唯物主义的解释，如王廷相的"太始浑沌清虚之气"就是一个明显的例子。他说："太极之说，始于'易有太极'之论，推极造化之源，不可名言，故曰太极。求其实，即天地未判之前，太极浑沌之气是也。"（《太极辩》）那么"浑沌之气"是什么？王廷相认为是元气。而张栻究竟视太极为何物呢？从他反对把太极解释为"无"而言，似乎太极并非是精神性实体。张栻的学生彭龟年曾就如何理解周敦颐"无极而太极"的问题请教他，他却明确回答："此语只作一句玩味，无极而太极存焉，太极本无极也，若曰自无生有，则是析为二体矣。"（《答彭子寿》）由此看出，张栻是不同意把太极说成"无"的，他认为无不能生有，有与无是同时存在的，无不是绝对的无，其中包含着有，同样，有也不是单纯的有，其中也包含着无。总之，太极是有与无的统一，割裂任何一个方面，都是把太极"析为二体"。如果说在此对有与无的关系的看法还只是说"此语只作一句玩味"，那么他在道与器的关系的论述中则明确地把太极视为有与无的统一。他说:"道不离形,特形而上者也,器异于道以形而下者也。试以天地论之,阴阳者形而上者也,至于穹窿磅礴者乃形而下者欤,离形以求道则失之恍惚而不可象,此老庄所谓道也,非《易》之所谓道也。《易》之论道器特以一形上下而言之也。"(《南轩易说》)虽然道与器不是一回事,但两者又是不可分离的,"形而上者之道托于器而后行",同样,"形而下者之器得其道而无弊",如果离器以求道,这是老庄之道,视道为虚无,而非《易》之道。"圣人悟《易》于心,觉《易》于性,在道不泥于无,在器不堕于有",这就是说,道并不是虚无,而器并不囿于有,无中含有,有中含无,有无一致。由此可见,张栻始终坚持有与无的统一,始终把代表无的道与代表有的器视为一体。"形而上曰道,形而下曰器,而道与器非异体也。"(《论语解·泰伯》)张栻把有与无视为同体而不可分离,这和他的老师胡宏的观点是一致的。胡宏说:"道不能无物而自道,物不能无道而自物。"这种有无相即不相离的道器观点,是对太极的一种独特解释,也是对传统太极说的一个重大修正,表现出唯物主义倾向。而这又几乎是湖湘学派的共同学术宗旨。

张栻不仅反对把无视为老庄的虚无,更反对佛教把无释为法空之说。他指出佛教的法空是"疏漏畔戾,而无据之大略也,非邪而何",还说:"信夫事之妄而不察夫理之真,于是鬼神之说沦于空虚,而所为交于幽明者,皆失其理。"(《题周奭所编鬼神说后》)

张栻等湖湘学子唯以实为主旨。时人杨诚斋曾评价张栻的学生曹集说:"士君子之学,不过一实字。"黄宗羲也肯定了这一点:"见识高,践履又实。"湖湘学派强调践履正与朱熹的"只说践履而不务穷理,亦非小病"相反。所有这些,都从不同的方面说明了张栻的无不是虚无之属,也不是虚无和法空的本体论,才导致了他学术上唯实的学风。反过来说,"践履又实"的学风也印证了他"有无相即"的太极本体说。

为什么张栻要坚持有无统一的太极本体说,而不单言有呢?我以为除了存在哲学上的调和折衷倾向,还另有其重要原因。在此无具有普遍性和绝对性的含义。如果太极仅是实有而将无绝对排除在此之外,那么有即太极就有可能成为具体、有形的物,只能是直觉的东西,由此它便会失去普遍性和绝对性的意义,所谓天地与万物"生化之根"的太极便无从说起。反过来说，如果无离开了有，那么，无这种绝对性和普遍性便成为不可思议的东西，也就与其以实为学术宗旨相违背。因此，不管从哪一方面都需要有无相即，当有与无共具于太极本体中，则此太极得到了根本改造。概言之，太极便是一个实有而非物、本无而不空的实体，既表示了物又避免了有即具体的物，既表示绝对性又避免了无即虚无。这是张栻太极说在宋儒中的独到之处。

本来，承认太极实有而非物、本无而不空，其本身就表现了一定的唯物主义倾向，这给以张栻为代表的湖湘学派求实而讲经世致用的学旨做出了正确而有力的指导。如果能够坚持并发展此观点，就有可能由唯物主义倾向走向完全的唯物主义，但张栻毕竟是理学家，他并没有走到这步。在"有"与"无"的关系，即谁决定谁的关键问题上，张栻始终没有做出明确的界说，只是说二者同时共具，相即而不可相离，似乎谁也离不开谁；如果说无离不开有，这倒还可说，如果说有离不开无，那就大谬不然了，这就近乎于"原则同格论"了。在张栻的思想中，有是确实离不开无的，在有与无的关系中，是形而下与形而上的关系，而后者才是最重要的。同很多理学家一样，张栻也谈到了太极与气的关系，并且相当强调此二者的相即关系，如他说："盖论性（性也是太极，后文将详细谈到）而不及气，则昧夫人物之分，而太极之用不行矣；论气而不及性，则迷夫大本之一，而太极之体不立矣。"但是，把太极与气的关系视为体和用的关系，气只是太极之用，故此气不是根本的，当然由此得不出太极即气的结论。恰恰相反，按此逻辑只能得出物是太极所派生的结论。张栻直率明言："有太极则有物。"这种先于物而存在的太极，不可能是别的，而只能是一种脱离物质存在而永存的抽象原则。"形而下者，一本于太极"，太极因为是"天下之本""天地之所立"，所以它才是"形而上"者。归根结底，太极才是宇宙万物的根源，太极才是无，而有或气等都只不过是太极即无的派生。张栻同其他理学家一样，殊途同归，还是走到了哲学唯心主义。对此，在构成他具有层次性的本体论哲学体系的其他范畴如性、理、心方面均表现了这一特点。

二、性说

性虽然是一个古老的概念，但把性作为宇宙本体的基本范畴，却是以张栻为代表的湖湘学派所独有的。这也是构成湖湘学派与程朱理学之区别的重要标志。首先提出此说的是张栻的老师胡宏。胡宏之宇宙本体既与程朱学派以理为宇宙本体不同，也与陆王心学派以心为宇宙本体相异，他在理和心之外提出了性为宇宙本体之说。胡宏说："性也者，天地之所以立也。"又说："天命之谓性。性，天下之大本也。"胡宏认为宇宙的本原是性，万物则由性所派生，"万物皆性所有也"，离开了性也就没有万物，故而"非性无物，非气无形，性其气之本乎"。

张栻秉承师教，同样也把性作为宇宙的本体。他说："有太极则有物，性外无物。"性犹之乎太极，亦即是宇宙的本原。也正是因为性具有本体的意义，张栻才把性称为"本然之性""性之大本"和"性之本然"。性不仅就人类而言，而且包括了宇宙万物，人和物的本质都是性。他说："原物之始，亦岂有不善者哉？其善者天地之性也，而孟子道性善，独归之人者，何哉？盖人秉二气之正，而物则其繁气也。人之性善，非被命受生之后，而其性旋有是善也。性本善，而又秉夫气之正，初不隔其全然者耳。若物则为气所昏，而不能以自通也。"（《存斋记》）人和物虽有区别，但此区别并不在具备性否，而在于对性是否"不隔其全然者耳"。人之所以为人，因他得气之正，故孟子说性善独归于人。物之为物，则是它不得气之正，并不说明它不具备性。就性是人和宇宙万物的共同本质来说，它们之间是没有任何差别的。性的本质属性即善，是人和物共具的，人性善，物亦性善。张栻解释说："原人之生，天命之性纯粹至善而无恶之可萌者也。"不仅如此，"物之始生亦无有不善"。人性、物性共同的本质属性都是善。由此可见，善是世界统一的基础，也是世界的共同本质。自不待言，湖湘学派的性论已远远超出了传统性论的范围，性成为宇宙的本体，所以胡宏说"万物皆性所有也"，张栻亦说"性外无物"。性在此就具有了必然性和绝对性的意义，亦即宇宙本体的意义。

既然性也是宇宙本体，这岂不与前述太极为宇宙本体相矛盾？世界岂不有两个本原了？张栻认为这并不矛盾。他说："何莫而不由于太极，何莫而不具于太极，是其本一也。"性不仅不与太极相悖，而且它恰恰包括在太极之中，这不是要以"本然之性"去取代太极，而是说明性与太极之间存在着不可分割的内在联系。"有太极则有物，性外无物"，正由于太极与性的内在联系，所以性才具有宇宙本体的意义。为何在太极之后又提出一个性的范畴，而且把具有特定含义的人性论提高到宇宙本体论的高度呢？这无疑也是中国哲学家的概念不确定性、模糊性的表现。一种含义出现多种提法在中国哲学史上是屡见不鲜的，类似的情形在张栻思想中也屡有出现。但是提出"性为宇宙本体"有着比此更为深刻的含义，性不是等同或者取代太极，而是把太极更进一层地深化，是在更深的层次上对宇宙论的展开。张栻认为"性无乎不在也"，这无异是说善无所不在，太极的本质属性是善，世界统一于太极，实际上就是统一于善，概而言之，善就是宇宙万物的共同本质。因此，把性纳入宇宙本体范畴不仅不会导致多元论，相反，通过性却引导到了彻底的一元论，把太极的存在形式具体化了，把太极的内涵深化了。

那么何谓为善？善实际上就是一种普遍的道德精神，亦即封建的纲常道德。张栻说："有太极则有两仪，故立天之道曰阴与阳，立地之道曰柔与刚，立人之道曰仁与义。仁义者，性之所有而万善之宗也。人之为仁义，乃其性之本然。……若违乎仁义则为失其性矣。"（《孟子说·告子上》）既然仁义即性，失性则失仁义，由此可见，性就是封建纲常道德，亦即普遍的道德精神。而以性为体也就是以封建纲常为体，世界统一于太极，也就是说统一于普遍的道德精神。在此，道德起源论与宇宙本体论被紧紧结合在一起，伦理与哲学被融为一体。一方面哲学伦理化了，太极被赋予了深刻的道德意义，整个宇宙被人化和道德化了；另一方面伦理也哲学化了，封建道德被提到哲学本体论的高度，具有宇宙本体的意义，因而封建道德也就具有一种必然性和绝对性，毫无疑义，它就是永恒和神圣的。在此，人伦道德关系成了哲学研究的出发点，而哲学成了人伦道德的论证工具。

这里要注意，理学家几乎都注重社会与自然的和谐关系，关注人际的和谐关系，总是把"天人合一"视为一种美好和理想的境界。而人性问题历来就被视为研究天人关系中最重要的问题之一。从先秦始，便把性看成是天和人联系的桥梁，孟子提出"尽心—知性—知天"，董仲舒提出"知天—尽性—尽理（即天）"，都把性作为"天人合一"的桥梁，然而此种结合并不是完全和彻底的。孟子并不认为性具有普遍的、绝对的意义，如他把禽兽排除在性之外，认为性只是人所独具的，因此性并不能真正成为沟通天和人即社会与自然的桥梁，当然就不存在保持社会与自然和谐关系的基础。董仲舒虽把性提到了天命的高度，然他认为没有共同的性，把性划为三个等级，且彼此是不可逾越的，因此不存在普遍的善，更不存在"善是宇宙万物的共同本质"，自然而然，不仅社会与自然没有统一的基础，而且人际之间的和谐关系也是难于存在的。

张栻和胡宏的性论与传统性论不同。他们提出"性无乎不在也"，"仁义者性之所有而万善之宗也"，明确地规定性具有普遍意义，"性外无物"，万物皆性，万物皆善，性被纳入宇宙本体。在这里，不仅性的含义起了根本的变化，而且性确实成了"天人合一"的结合部，成为沟通天人关系的桥梁，"天人合一"由此被推进到了一个崭新阶段。由此，理学家所期待的自然和社会的和谐关系乃至人际的和谐关系便找到了强有力的理论上的根据。这深刻说明，张栻的性本说与程朱学派的性本说不同，它不是由天道而及人道，即先建立起形而上的宇宙论的哲学体系，再以此说明道德哲学，而是以人道为出发点，由人道及天道，从而构成了在理学中最为典型的以伦理为本位的湖湘学派的特征。很显然，以性为宇宙本体，是湖湘学派使其"天人合一"思维模式得以深化的一种理论上的创造，也是把封建道德上升到哲学本体论的高度，从而论证其永恒性和神圣性的一种哲学思辨。不管是前者还是后者，都表现出了湖湘学派不同于程朱学派和陆王学派的鲜明特色。

三、理说

理，也是张栻本体论哲学的基本范畴之一，其重要性并不在太极与性范畴之下。正因为理是构成张栻哲学结构的主要范畴，所以张栻也是名副其实的理学家。同许多理学家一样，张栻也把理作为宇宙的本原，理具有与太极、性等范畴相同的意义。他说："所谓天者，理而已。"又说："天者，安天理也。"他把理的基本属性概括为如下几个方面：一、"流行无间，贯乎古今，通乎万物"，即是说，理无处不有，无时不在，是具有绝对性的一种必然力量；二、"世有先后，理无古今"，即理是超乎时空而永远存在的一种抽象原则；三、"有是理则有是事，有是物"，理决定物，物依赖于理，理是第一性的。总之，理同太极、性等范畴一样，是宇宙的本体，是构成其本体论体系的重要范畴之一。

既然理具有宇宙本体的意义，那么如何解释它和太极、性等范畴之间的关系呢？历来的哲学家除了提出说明宇宙本原的范畴，还必须提出与此相伴随的一系列范畴和概念，从而建立起自己范畴序列的本体论的哲学体系。张栻也是如此，他不仅提出了太极是世界的本原说，还提出了宇宙万物的共同本质性善说，提出了理为事物规律说。太极所描述的是世界一般的和最具有普遍意义的本质，性所概括的善是世界的共同本质，世界统一于太极便是统一于善即一种普遍道德精神，从更深的层次上回答了世界本原的问题。理又是一个层次，它在共同本质的基础上进一步揭示了事物的内在规律和本质，揭示了包含在普遍道德精神中的道德原则和道德行为规范，构成了本体论中另一个内容丰富的横断面。

首先，张栻认为理即规律，他谓之为"所以然"。他说："事事物物皆有所以然，其所以然者，天之理也。"（《孟子说·告子上》）朱熹也曾说过类似的话，但张栻与他不同，把朱熹的理之"所以然"与"所当然"做了区别，认为理的本质含义是"所以然"，并举例说如火之热、冰之寒，是事物"所当然"，而火之所以热、冰之所以寒，才是事物的"所以然"。因此，"所以然"是指事物现象之后的内在规律，此规律也就是事物的具体本质，所以他又说："口之于味，耳之于声，目之于色，此亦出于性也。故口之耆、耳之听、目之美有同者焉，盖均是人也，则其理不得不同。若犬马则不得与吾同其理，以其不同类故也。"（《孟子说·告子上》）就是说，人之所以成其类，就是因为人与人之间有共同的本质，而人与犬马相异，则是因为二者之间有本质上的差别。其次，与上述规律相联系的，理还具有事物法则的含义。张栻说："有物必有则，此天也。若非其则，则是人为乱之妄而已矣。如释氏扬眉瞬目，自以为得运用之妙，而不知其为妄而非真也。"（《答吴晦叔》）既然离开了则，便会导致乱和妄，不能区别事物，那么则实际上就是事物的本质，亦即"所以然"。张栻正是以不知"所以然"指出人们对世界陷入迷乱。他说："天下之事，莫不有所以然，不知其然而作焉，皆妄而已。圣人之动，无非实理也，其有不知而作者乎？"（《论语解·述而篇》）张栻虽然提出了则的概念，强调每个事物都有自己的固有法则，然而此法则并不是与规律相乖戾的东西，恰恰相反，它本身就是规律，"万事具万理，万理存万物"，事物与规律是同时具备的，否则就没有事物。承认每个事物都有自己的规律，这在哲学上具有某种合理性，对宇宙的探讨通过理由宏观进入微观的领域，以理为事物的具体规律，这是湖湘学派思想的一个特点，也是其与程朱学派的重要分歧之一。

众所周知，理是程朱学派的最高范畴，理是至高无上的、形而上的宇宙本体，它是天命的全体，是绝对的、神圣的。然而湖湘学派却与此不同，他们认为理只是"物之理"，也就是说，只是天命的局部，并非像程朱所说的是天命之全体。开湖湘学派的胡宏便说："物之生死，理也。理者，万物之贞也。……物之理，则未尝有无也。"（《知言》）这说明他认为理只是事物的一种规律，也是事物的一种具体属性，所以他又说："万物不同理，死生不同状，必穷理，然后能一贯也。知生然后能知死也。"(《知言》)如前所述，张栻虽然也指出了理具有形而上学的性质，然而他所强调的和所阐发的则是以理为事物之"所以然"，这与胡宏的观点是基本一致的。由此可见，理与太极、性等范畴并不是一回事，它们之间既有联系又有区别，虽属本体论概念序列，然而各自体现了不同层次的内容。具体言之，从世界本原的太极，到世界事物共同本质的性善，再到事物具体规律的理，一方面外延在缩小，另一方面内涵在深化，从而形成一个递进的层次性的宇宙本体论体系。似此严密的逻辑结构体系，确是理学中少有的，体现了湖湘学派理学的一种成熟性。

另外，在张栻的思想中，如同性一样，理不仅是个哲学范畴，也是一个重要的伦理学范畴。理同样成为张栻由人道而及天道的根据和出发点。首先，理不仅是天地之理，也是人伦之理，"礼者，理也"，理是一种伦理道德原则，这种原则不是指别的，而是指人伦道德关系的一种尊卑等级秩序。张栻说："所谓礼者，天之理也，以其有序而不可遏，故谓之礼。"(《答吕季克》)其次，正因为礼是等级秩序的规定，所以它又是以封建宗法等级特权为本质特征的伦理纲常的基础。张栻说："盖三纲五常，人之类所赖以生，而国之所以为国者也，上无礼则失其理也。"(《孟子说·离娄上》)对于理，张栻的老师胡宏亦有类似的论述。胡宏曾说："为天下者，必本于理义。理也者，天下之大体也；义也者，天下之大用也。理不可以不明，义不可以不精。理明然后纲纪可正，义精然后权衡可平。纲纪正，权衡平，则万事治，百姓服，四海同。"(《知言》)把理视为伦理道德原则，这是湖湘学派的一致观点，也是湖湘学派以伦理为本位的哲学体系的突出表征。

本来，"理一分殊"是众多理学家的哲学命题，用以说明世界一理与万理、一与万殊的关系，但张栻把它完全改造成了一个道德命题。他说："理一而分殊者，圣人之道也。盖究其所本则固原于一，而循其所推则不得不殊。明于此，则知仁义之未尝不相须矣。"(《孟子说·尽心上》)这就是说，推究其根本则为一理，循其流行发现则有万般之殊，前者为仁，后者为义，所以"理一"与"分殊"之关系犹之乎仁与义之关系。从根本上说，"理一分殊"表明的乃是"仁义未尝不相须"，因此，它是一个道德论命题。如果性范畴回答了宇宙的共同本质是什么，把抽象的本体原则即太极的内涵确定和深化了，提出善是世界普遍的道德精神，那么，理和理一分殊则把这种普遍的道德精神进行了分解，得出了普遍的道德精神是由分殊的道德要素构成的。其重点是，三纲五常的道德伦理便是理一分殊的体现和产物，是"一本"和"差等"的结合。张栻说："盖爱敬之心由一本而施有差等，此仁义之道所以未尝相离也。……此吾儒所谓理一而分殊也，若墨氏爱无差等，即是二本。"（《答陈平甫》）理一与分殊任何时候都是共存的，否则会导致仁和义的分离，导致人道的分离。这种既体现普遍道德精神又体现道德等级秩序的理一分殊，被张栻称为"圣人之道"。此道也就是他所称道的完备的人道，亦即仁义之道。由此可见，理一分殊所阐明的完全是一种封建纲常道德的等级结构关系，理成为由人道及天道的出发点，成为沟通天人关系的另一重要桥梁。

综上所述，理与太极、性既不能被等同，也不能被视为互不关联的范畴。确切地说，它们之间关系是各有特定内涵而又相互联系的范畴序列体系，三者结合则组成了颇有特色且具有层次性的本体论逻辑结构体系。

四、心说

心，是张栻本体论哲学的重要范畴之一。张栻正是由心的范畴从客观唯心主义走向了主观唯心主义，从而形成了介乎程朱客观唯心主义和陆王主观唯心主义的另一哲学派别。心，在张栻的思想中是有变化的。最初，他同胡宏的观点是一致的，都认为"性体心用"。如胡宏说："道之所以名也，非圣人能名道也。有是道则有是名也。圣人指明其体曰性，指明其用曰心。性不能不动，动则心矣。"但后来张栻对此观点进行了修正，由"性体心用"变成了"心主乎性"。原来，胡宏在《知言》中曾说："心也者，知天地，宰万物，以成性者也。"朱熹对此颇有怀疑，认为"成性者也"是为"统性情也"。张栻亦疑师说，并把朱熹的"统"字改为"主"字。他说："统字亦恐未妥，欲作'主性情'如何？"朱熹对张栻改动之处极为同意，并说"所改'主'字极有功"。心主性情，即是指心对性情的主宰作用。由此可见，张栻是主张心为体的，心与太极、性、理等范畴一样，具有宇宙本体的意义。他说："理之自然谓之天，命于人为性，主于性为心。天也，性也，心也，所取则异而体则同。"（《孟子说·尽心上》）这说明天是理的自然状态的表现，即"所谓天者，理而已"，理即天，天即理，都是一种客观精神性的实体。但当理改变自己的自然状态，被人们所禀受时，则此理便变成了性，即谓"命于人为性"。张栻说："天下之言性，言天下之性也，故者本然之理……有是理则有是事、有是物，夫其有是理者，性也。顺其理而不违，则天下之性得矣。"（《孟子说·离娄上》）可见，性是非自然状态的理，虽所取不同，但同为宇宙本体。"主于性为心"，即是说当理被人禀受并变为性时，也就表现为心了。理与心的关系是：理是心的内容，心是理的存在形式。"天理之存于人心者也，人皆有之"，且"理义素具于人心"。可见，心和理相通，故心具有宇宙本原的意义，心乃是宇宙的主宰。他对此着重解释说："万事具万理，万理在万物，而其妙著于人心。一物不体则一理息，一理息则一事废。一理之息，万理之紊也；一事之废，万理之堕也。心也者，贯万事，统万理，而为万物之主宰者也。"（《敬斋记》）既然理由心统，心主宰理，因此心无疑便是最高的范畴了，是世界的本体了。但心是什么？张栻有多种的解释，说心为实然之理有之，即谓"实然之理自得于心也"；说心为仁者亦有之，即谓"盖仁义本于天而著于人心"。还有一种解释，心亦即思想，心理活动的机制和能力，它的最大特点是具有"感通"之功能。张栻释格为"言感通至到也"，而心是格，离开了心就不能了解天时人事，所以"孰知其本在于吾心，而又孰知格君之本乃在吾身"。从心的感通性而言，似乎心并不是一个实体，即不是宇宙的本体，但是对心的所有解释中，张栻所指的"虚灵知觉之心"最能反映心的本质属性。他认为"知觉"即"仁"。虚灵知觉者，即是指人"得二气之正""五行之秀"，"不失天地之全"。虚灵知觉之心从本质上说，便是人所独具的一种道德心理、道德观念和思维能力。人之所以为人，便在于此虚灵知觉之心。所以张栻说："人为万物之灵，其虚灵知觉之心，可以通乎天地之理。"说到底，此虚灵知觉之心便是善，亦即普遍道德精神的主观化，由客观的、绝对的普遍道德精神变成了一种主观的道德心理状态，主体和客体由心而结合在一起了。因为心本身是格，具有"感通"之功能，因此，心便能为天人关系联系的结合点。如果说董仲舒的天人合一还只是天人感应关系，天和人还是两码事，那么，张栻就已将其统一起来了，心性相通，天和人已是一码事了。张栻正是由此从客观唯心主义向主观唯心主义靠近，而使张栻的理学思想具有调和朱学客观唯心主义与陆学主观唯心主义的特征。

张栻哲学又具有调和朱学与陆学的倾向。他坚持理，又不等于朱学之理；坚持心，又不等于陆学之心。陆象山的心学是种极端的主观唯心主义，近乎禅学，其主旨是"心外无物"。张栻对此是坚决反对的。他说："若释氏之见，则以为万法皆吾心所造，皆自吾心生者，是昧夫太极本然之全体，而反为自利自私，天命不流通也。故其所谓心者，是亦人心而已，而非识道心者也。"(《答胡季立》)张栻认为心是人心与道心的结合，而"万法皆吾心所造"则是离开了道心而言人心，故为之悖谬，不可苟同。"道心"是什么？即"太极本然之全体"，因此，不离道心即是人心必须与太极本然之全体相结合。张栻在此虽强调了心的地位与作用，但他并没有把心放置在太极之外，而始终把"太极—性—理—心"联成一体。因此张栻的心说与陆学虽有相似之处，但他并没有走到"万法皆吾心所造"的地步，与陆学的"心外无物"是有区别的。由此可见，张栻的心既是仁之道，又是人之道，既是人心，又是天理，广阔无垠，高深莫测。由心进入天人一体、人物一体，社会和自然达到了和谐的状态，一方面要求人还本自然，"无所为而然者"，另一方面则要求人发挥其能动精神，二者不能偏废，最终在哲学上导致对朱学客观唯心主义和陆学主观唯心主义的一种调和与折衷。张栻以心纳入宇宙本体论体系，反映了对人的地位和作用的一种重视，对人的能动精神的一种推崇。正是这种精神的支配和作用，使张栻产生了对正宗程朱理学的离异。张栻的本体论逻辑结构体系，确实表明了他在理学中的特殊地位和贡献。

第三章 张栻认识论思想体系的特色

　　侯外庐先生在其担任主编之一的《宋明理学史》中曾指出："张栻与其师胡宏一样，可以看作是'理学'朝'心学'转向的发端人物。"深究张栻思想，事实的确如此。这种转向不仅体现在太极、性、理和心等有层次性的范畴序列的本体论的逻辑结构体系中，还突出体现在他的认识论中。张栻的认识论主要由两部分构成：一、识心、明心是认识的根本任务，其理论根据是"心理合一"，即认识的主体包含着原来被认识的客体，主体和客体本来就是同一的，因此认识乃是体验心中的理。二、认识的根本途径与方法，是旨在体验心中之理的居敬省察，另外与此向内的功夫相联系的是"格物致知"这种内心省察的"居敬"方法，从根本上说是道德修养方法，其主旨是引导人们离开现实生活，排除所谓物念，使之超乎客观世界。与上述心理合一相反，离开现实世界的内省直观最终导致了主观与客观的分离，认识变成了离开客观物质世界的冥心自省。这种内向的认识方法必然要通向道德修养方法。因此，道德修养性便成为张栻认识论的基本内容之一。

一、识心与明心

众所周知,举凡认识论都必须回答"被认识的客体是什么"的问题,必须回答"此客体与主体是否有同一性以及怎样同一"的问题。在这些问题上,张栻的回答是极其明确的。简而言之,张栻以为认识便是识心和明心,亦即是说心是认识的客体。他说:"欲知太极,先识吾心。"有时他又称之为求心,说:"理义存乎人心者,不可泯也,盖学者求诸此而已。"学习和受教育固然是为了获得知识,提高自己的认识水平和才能,然而这一切的目的归根结底乃在求心。张栻的学生游九功对此深有体会,说:"宣公(张栻)教以求放心。"求心意即"求放心",换言之也就是"存心",即"持是心而勿失也"。张栻认为能否做到这一点,不仅关乎纲纪得失,而且关乎"收其放而存其良"。为此他说:"心也者,万事之宗也。惟人放其良心,故事失其纲纪。学也者,所以收其放而存其良也。"(《静江府学记》)反过来说,要不失纲纪,持是心而勿失,就时时刻刻识心、存心,必须执着,一以贯之,而不能"有时而心,有时而性"。静止中进行观察尚且如此,在变动中观察更应如此,识心始终是认识过程中具有第一义的,因此他说:"自性之有动,谓之情,而心则贯乎动静而主乎性情者也。"(《与吴晦叔书》)如果做到了识心与存心,那么即体验到了心中之理,故为"明心",由此表明认识上升到了致知的高级阶段,所以张栻又说:"致知所以明是心也,敬者所以持是心而勿失也。"(《敬斋记》)把致知看作明心,自不待言,此认识并不是对客观物质世界的反映,恰恰相反,同所有唯心主义一样,是离开客观实际的单纯的内心省察,因此所谓认识必然是在主体中寻求世界的一切,必然会在主体中寻求和发现自以为原来存在着被认识的客体,从而求此二者的同一性。张栻的识心、存心就是这样的。

关于在认识的主体中原来就包含了被认识的客体,主体与客体本来就是同一的,这是张栻认识论的根本思想。这在他的心与理关系的论述中表现得极为明显。理,本来是程朱理学的最高范畴,理是绝对的,是世界万物的主宰,诸如心和性均由它支配,心与理为二物,不可等同。然而张栻认识论与程朱理学不一样,虽也讲理,但突出了心的地位,把理纳入了心的范围,相似于陆氏心学,把理、心视为同体的,其间存在着不可割裂的联系。他说:"理之自然谓之天,命于人为性,主于性为心。天也,性也,心也,所取则异,而体则同。"(《孟子说·尽心上》)具体地说,天是理的自然状态的表现,即所谓"天者,理而已",理即天,天即理,这是指理的一种自然状态。"命于人为性",这就是说,当理即天改变自己的自然状态并被人们禀受时,此理则变成了性,天理变为人性,承受体不同了,形态变换了,但理的本质仍然未变,性也就是理,所以张栻说:"天下之言性,言天下之性也,故者本然之理……有是理则有是事、有是物,夫其有是理者,性也。顺其理而不违,则天下之性得矣。"(《孟子说·离娄上》)性与理的关系如此,那么心和理的关系如何?"主于性为心",这就是说,当理被人禀受并化为性时,其理也就变成了心,通过性的桥梁,心与理合一了。"突然之理自得于心也",又说"事有其理而著于吾心"。理存乎人心中,乃是一种普遍的、绝对的现象。"天理之存于人心者也,人皆有之",无论何人,要认识和寻求理,只需向心中求,要认识世界,只需在心中体验,根本不必外求,只需内心省察,因为心和理本来就是同一的,天也,性也,心也,只是所取不同,而其本质都是一样,即所谓"而体则同"。

承认认识主体与被认识客体之间存在着同一性的关系,这并不是错的,但问题的关键不在此,而在于此主客观何以同一,怎样同一。如果主客观是种矛盾即差别的同一,不是二者的绝对等同,而且此同一又是在实践基础上主观对客观的反映,这无疑是正确的,这也正是认识所要达到的真正目的。但是,张栻上述的认识并非如此。虽然他意识到并强调了在认识过程中主客体的同一性的问题,但此"同一"是取消了主客观矛盾的同一,不是实践基础之上主观与客观的统一,相反地,而是主观包括了客观,客观本来就存在于主观之中。他说:"万事具万理,万理在万物,而其妙著于人心。一物不体则一理息,一理息则一事废。一理之息,万理之紊也;一事之废,万理之堕也。心也者,贯万事,统万理,而为万物之主宰者也。"(《敬斋记》)心主宰理,说明心万能而又万有,本具一切,这无疑是对人的精神和意志的夸大,把它夸大为世界的主宰,夸大为世界的本质,以至于把世界万物看成是心的流行发现,因而认识便是体验心,从心中发现世界一切。由此可见,张栻以识心、明心为宗旨的认识论不是反映论,而是一种唯心主义的先验论。

虽然如此,张栻毕竟与正宗的程朱理学派不同,他没有以理为绝对,扼杀人的能动精神,而是在认识过程中始终强调人主体精神的作用。首先,他把心作为认识的主体加以强调,指出心具有思想、心理活动的机制和思维能力,认识过程中离不开主体即心的作用,离开了心便不能思,即没有思维和理性活动。不重视心无异是取消了认识主体,变成了单以耳目去闻见世界,然而这种耳目的闻见,并不是真正的认识,而只是物交于物而已,所以张栻说:

> 耳目,物也,以物而交于物,则为其引取固宜,若心为之主则能思矣。思而得之,而物不能夺也。所谓思而得之者,亦岂外取之乎?乃天之所以与我,是天理之存于人心者也。人皆有之,不思故不得,思则得矣。……故君子之动以理,小人之动以物。动以理者,心得其宰而物随之。……事事物物皆有所以然,其所以然者,天之理也。思其所以然而循天理之所无事,则虽日与事物接而心体无乎不在也。(《孟子说·告子上》)

虽然张栻在此也谈到了心和理的关系,但着重说明的是"若心为之主则能思矣",即心是认识的主体,是思维的能力,有心在认识中的主体作用,则"思而得之,而物不能夺也"。不仅如此,有了心的主宰,可具万理,能应万事,思维活动范围极其广大,上天入地,藏往知来,可充分发挥人的主体精神的驾驭作用。重视主体在认识过程中的作用,这是张栻认识论中的突出特点。

不仅如此，主体在认识过程中的作用还表现在对客体的"感通至到"的能力，张栻谓此为"格"。何谓格？"言感通至到也"。张栻以心为格，故格亦即"必也感通至到，而俾之自消靡焉"。尽管张栻一再强调主体中原来包含着客体且主客体原来就是同一的，但因为这终究并非客观事实，因此在认识论中具体地要实现这种同一时，张栻对此的论证往往是矛盾的。也就是说，他不认为主客体能自然而然地同一，反而认为在主客体之间本身就不是同一的，其间存在着矛盾。正是因为有此矛盾，所以在认识中，才有格之必要，认识才有赖于"感通至到"。格能"俾之自消靡焉"，这就说明通过主体对客体的感通，可以消除二者之间的矛盾，从而实现二者的同一，达到认识的目的。由此可见，张栻在此不仅承认了主客体之间存在着矛盾，而且认为此矛盾的消除有赖于主体精神的作用。从认识必须发挥人的能动精神而言，这种旨在阐明主体精神作用的"感通至到"在认识中也不失其意义。

但是，必须指出的是，张栻的"感通至到"并非是带有社会实践意义的主观对客观的能动反映，而是一种离开现实的内心省察。他曾这样解释格："所谓格也，盖积其诚意，一动一静，一语一默，无非格之之道也。"（《孟子说·离娄上》）内容上这是"积其诚意"的道德磨炼，在方法上则把动静、语默作为格之道。不管是前者还是后者，都说明格是种不必外求的内省功夫，这从他下面对此所做的解释中也可参证。他说："格之为言感通至到也。《书》曰：格于上帝盖君心之非，不可以气力胜，必也感通至到，而俾之自消靡焉。"（《孟子说·离娄上》）此谓"不可以气力胜"，显然是指的一种内省功夫，也是种渐进的体验，同"一动一静""一语一默"也谓"格之道"一样，不用气力的格实际上是种具有道德修养性质的内省式的主观体验。

在此我们应注意，思想史上似乎有个规律，凡是主张内心省察直观认识方法的，几乎无不在不同程度上通向了道德修养的道路。在宋儒的思想中，内心省察与道德修养从来都是互通的，认识论与道德修养从来是被相提并论的。张栻的思想路子不但没有脱离这个轨道，而且把二者结合得更紧了。在很大程度上，张栻把道德修养作为认识过程中主体精神作用的重要方面。他说："孰知其本在于吾心，而又孰知格君之本乃在吾身。"（《孟子说·离娄上》）在此所言"吾心""吾身"除了思维及思维能力,而道德意识乃至纲常伦理便是其主要内容,只不过他称此为"虚灵知觉之心"。"虚灵"本谓至灵,意指心乃清莹透彻,与天地无间,具有神明莫测的作用。但虚灵也是知觉,知觉是对心的一种质的规定。何谓"知觉",知觉便是仁,"心有所觉谓之仁……当然知觉终不可以训仁。如所谓知者,知此者也,觉者,觉此者也,此言是也。然所谓此者,乃仁也"(《答胡广仲》)。尽管张栻避免把知觉直接与仁相等同,但说来言去仍是把知觉当成仁。不言而喻,说到底,心乃是一种道德意识和纲常伦纪。张栻认为这是万物所未有而人所独具的"万善可备"的道德精神。他说:"惟人得二气之精,五行之秀,其虚灵知觉之心有以推之,而万善可备,以不失其天地之全,故性善之名独归于人,而为天地之心也。"(《孟子说·告子上》)也因为人有此精神,所以"人为万物之灵,可以通乎天地之理"。心是仁,亦即是善,这把心与理的关系具体化了,这就是说心与理的关系也即心与道德的关系。一方面,心是思维的主体,另一方面,心又是普遍的道德精神。仁被心纳,使客观的、绝对的普遍道德精神主观化了,变成了一种主观道德心理活动,同时思维主体的心也被客观化了,变成了客观的纲常伦纪和普遍道德精神。总而言之,心成了主体与客体相统一的结合点,所指"通乎天地之理",即指天和人得到了沟通和统一。本来,中国有重天人合一的传统,认为没有纯客观的时空观念,也无脱离时空和客观的纯主体方面,宇宙万物与人,从来都是不可分离的有机整体。张栻把太极、性、心同体化,实际上是把太极主观化,同时又把心归结为太极、性特别是具体归结为仁,则是把主体客观化,以此表明天与人之间没有严格的界线。他这种天人合一的哲学是对程朱理学与陆氏心学的调和与折衷。张栻以识心、明心为宗旨的认识论虽接近于陆氏的心学,但并不等于心学。诚如侯外庐先生所说,张栻与其师胡宏一样是由理学向心学转向的发端人物。

二、"居敬"与"格物致知"

如果上述识心、明心旨在阐明认识的根本任务,回答认识客体是什么以及主客体同一性的问题,那么"居敬省察"便是如何达到识心、明心的根本途径和方法,并阐明了主客体如何统一的问题。

"敬"本是中国思想史上的一个古老概念,西周时代的书诰彝器中就已常见,但此时"敬"仅是一个道德原则。《尚书·召诰》说:"惟不敬厥德,乃早坠厥命。"这就明确地把"敬"与"德"联系在一起,从而赋予"敬"以道德的意义。以后孔子对"敬"做了进一步的阐发,指出"修己以敬","敬"能"安人""安百姓",明确地把"敬"作为道德修养的功夫。到宋代,宋儒对"敬"的解释更进了一步,把"敬"作为一个认识论的问题而加以普遍性的讨论。张栻同样把"敬"作为认识论的范畴,提出了"居敬省察"。"居敬"本质含义是"存心""尽心",故"居敬省察"便被作为认识世界的根本途径和方法。

张栻曾这样解释"居敬"说:"心也者,贯万事统万理而为万物之主宰者也。致知所以明是心也,敬者所以持是心而勿失也,故曰主一之谓敬,又曰无适之谓一。"(《敬斋记》)既然"敬"是"持是心而勿失也",那么"敬"便是"存心",所谓敬者,乃是谨守本心也。换言之,敬也是发明本心,总之操守本心都离不开敬。敬与心并不是两回事,更不可把二者对立,从而以敬治心。张栻说:"盖主一之谓敬,敬是敬此者也,若谓敬为一物,将一物治一物,非惟无益,而反有害。"(《答曾致虚》)因为敬是主一,无适无莫,是绝对排除碍心之物，因此不可以敬治心，而与此相反，敬倒是心道的体现，是主一。当然心之所存也是要依靠敬的，只有敬才能存心、尽心。正是在这种意义上说，敬才是"心之道所以生也"。张栻说："盖事物之来，其端无穷，而人之才力虽极其大，终有限量。以有限量应无穷，恐未免反为之役，而有所不给也。君子于此，抑有要矣，其惟敬乎！盖心宰万物，而敬者心之道所以生也，生则万理森然，而万事之纲总摄于此。"（《敬简堂记》）要解决人的才力有限而大千世界无限的矛盾，张栻认为"其惟敬乎"为要，质而言之，只有敬才可驾驭一切，既能"心之道所以生"，也可使"生则万理森然，而万事之纲总摄于此"。敬简直成了万能，持敬则可抓住万事万理之纲，必可存，应万变。

敬在认识中如此重要，能否说敬是主观能动地反映客观呢？并非如此。敬只是内心省察的道德修养，其主旨则在排除外界的纷扰，排除物欲的引诱，从而保持心的绝对纯洁，保持心的绝对专一。这就是他所称道的"主一"。主敬即为主一，张栻为此做了为朱熹等理学家所称道的《主一箴》。在此箴言中，张栻特别强调了敬的重要性。他说："事物之感，纷纶朝夕。动而无节，生道或息。惟学有要，持敬勿失。验厥操舍，乃知出入。"他的意思即是：由于外界事物纷扰无节，要使之心"操舍勿放"，唯有敬。不仅如此，在此箴言中还对敬是主一的具体内涵做了明确的解释。何谓"主一"？"曷为其敬，妙在主一。曷为其一，惟以无适。居无越思，事靡它及。涵泳于中，匪忘匪亟。"由此可见，"主一"是"无适"。何谓无适？"居无越思，事靡它及"，换言之，凡事必须专精一思，保持绝对专一，不为他物所累。总之，主一也是心一，为此，必须下敬的功夫，"惟当常存主一之意，此难以言语尽，实下工夫，涵泳勿舍，久久自觉深长而无穷也"。自不待说，居敬纯是内心里的功夫，是种"涵泳勿舍"而与外物无缘的内心省察。

那么如何才能做到居敬呢？这是张栻特别注意的一个问题。张栻认为居敬的对立物是人欲，居敬与人欲是对立的两极，要实行前者就必须去除后者。他说："害敬者莫甚于人欲……遏止其欲而顺保其理，则敬在其中引而达之，扩而充之，则将有常而日新，日新而无穷矣。"（《敬简堂记》）这就说明，敬的全部内容和目的乃在去人欲，换言之，只有除去人欲，方能恢复天理，使天理引而达之、扩而充之，通过艰苦修养的磨炼而为先觉君子。居敬一方面是去除人欲，另一方面则是"集义"，二者是同时进行的，若没有后者，所谓去人欲便成为空话。张栻说："居敬集义，工夫并进，相须而相成也。"（《宋元学案·南轩学案》）所谓"集义"，从根本上说便是养"浩然之气"。那么什么是"浩然之气"呢？张栻解释说：

> 孟子谓我善养吾浩然之气……故贵于养之，养之而无害则浩然塞乎天地之间矣。其充塞也，非自外来气体固若此也。所谓至大至刚以直者，以此三者形容气体也。大则无与对，刚则不可陷，直则无所屈，此三者阙一则于气体为未尽。（《孟子说·公孙丑上》）

由此说明，张栻的所谓集义乃是"积众义"，即谓"集义者积众义也"，众义主要是指"至大至刚以直者"，此三者体现于每一个事物之中，三者缺一便不成"浩然之气"。因此张栻说："一事之必体众义，辐凑心广，体胖俯仰，无怍而浩然之气充塞矣。"总之，居敬是种内省功夫，是一种道德修养的活动。虽然居敬是识心、明心的必然引申，也是达此识心、明心的途径与手段，然而它并不是真正认识客观世界的活动，更不是在社会实践基础上主观对客观的反映。恰恰相反，居敬引导人们远远离开现实，要求人们彻底摆脱客体即物质活动的影响，使居敬成为单纯的自我体验。居敬以摆脱客体影响为前提，自不待言，这不是坚持主体、客体的同一性，恰恰相反，这是主体与客体的彻底分离。毫无疑问，这种脱离现实物质生活的冥心自省，只能是闭门修养，虽然重视了人的主体精神的认识作用，表现了与程朱理学相离异的心学的倾向，却走到了夸大主体精神作用的主观唯心论。

居敬如此，则与之相联系的格物致知，也是张栻认识论的基本内容之一。如同居敬一样，格物致知同样也走到了道德修养，认识与道德修养同样被看成是相通的。张栻说："格，至也；格物者，至极其理也。此正学者下工夫处。"（《答江文叔》）他又说："格之为言，至也。理不循乎物，至极其理，所以致其知也。"（《答吕季克》）虽然张栻在此一再使用了"物"的称谓，但实际上所指并不是客观的事物，而是理，这与程朱对格物的解释并无二致。二程曾以格物为至理，格物与穷理是一致的。张栻同样如此。他曾这样解释致知："知者，吾所固有也，本之《六经》以发其蕴，泛观千载以极其变，即事即物身亲格之，超然会夫大宗。"（《送张荆州序》）在此所指的"即事即物身亲格之"，实际上只是亲自从读书和论史等方面对天理的体验认识。所谓"本之《六经》以发其蕴"，这是指从读书中探明理的存在，而"泛观千载以极其变"，则是指从论历史中寻求天理的体验。因此，致知的两个方面都是指对天理的体验认识，这与在实践基础上主观能动地反映客观的认识活动根本无涉。由此说明，张栻的格物即是穷理，而致知与穷理是一回事，格物致知归根到底是求理。

诚如上述，张栻与程朱学派不同，他是主张心理合一的，因此，他的穷理实际上也是识心与明心，格物致知同居敬一样，也是通过内心省察达到识心、明心的目的。格物致知之所以是纯主观的内省，一方面它所求者不是客观的事物，而是理，另一方面，尤其重要的，格物是完全脱却外界事物而完全建立在居敬基础上的。张栻说："虽然格物有道，其惟敬乎？是以古人之教，有小学，有大学，自洒扫应对而上，使之循循而进，而所谓格物致知者，可以由是而施焉。"（《答江文叔》）既然敬是格物的根本之道，因此格物的过程也就是居敬的过程，建立在居敬基础上的格物，完全是种主观的内省，它所要求的不是积极参与物质的活动，而是完全脱却这种活动而从心中彻底排除一切物质的欲念。为此张栻说："夫主一之谓敬，居敬则专而不杂，序而不乱，常而不迫，其所行自简也。"（《论语解·雍也篇》）毋庸置疑，所谓不为欲念所杂的"专"，不为外物所乱的"简"，只能是儒家所称道的道德修养方面的要求，而专和简也是儒家历来主张应达到的道德境界。虽然这在道德品质的形成过程中有一定的意义，但是从认识论来说，这种与外界相隔绝的道德修养为主观和客观的结合设置了一个屏障，从而使认识神秘化。

综上所述，识心、明心是认识的根本任务，居敬与格物致知是认识的途径与方法，都说明张栻由理学向心学的转变倾向，所注重的是心的范畴，在认识过程中重视了人的主体精神的作用，从一定程度上脱离了正宗的程朱理学。然而他的心学也不等同于陆王心学。诚如上述所指出的那样，一方面说人之才力有限，世界则无限,不能以有限应无穷;另一方面又说"心宰万物"和"万事之纲总摄于此",前后矛盾。这种矛盾正好反映张栻介乎理学与心学的矛盾,也说明了张栻的哲学是由理学向心学转变过程中的形态。这种过渡形态正说明了以张栻为代表的湖湘学派的特色。

第四章 张栻的人性哲学

南宋时期突出的社会政治问题，尖锐地摆在每个思想家面前，促使他们"思以其道以易天下"。张栻对国事民瘼无不关注，为了治世，对人生、人性问题的研究尤是功勤。正人心，拯时艰，这就是张栻研究人性问题的根本出发点。张栻在人性问题上所涉及的方面极为广泛，然撮其要旨，主要是天命之性、气禀之性以及人性与教育这三个方面，它们构成了张栻人性哲学的体系，形成了他以人伦为本位的思想构架，赋予古老的人性问题的研究以鲜明的理学痕迹。

一、天命之性

性，自孔子提出之后，历代思想家均有论述，代有闻人。但真正使性的研究深化并建立完整的人性哲学体系的则是宋儒。张栻便是其中的一个著名代表。性在张栻的思想中有着多种的含义，有不包含恶的绝对善的天命之性，有善和恶共居一体的气禀之性，还有性即太极的宇宙本体论方面的意义。在这些含义中，天命之性是规定人性本质的最基本的概念。天命之性在张栻的著作中有多种提法，有时称"天命"，又叫"天地之理"，相对气禀之性而言，又称"本然之性"，或叫"性之本然""性之大本"。对天命之性的不同提法并非是随意的，实际上包含着多层意思。具体言之，当论证和回答人性之形成最终根源时，所使用的概念多为"天命之性"，"皆吾素有之义而非外取也。此天之所命"。张栻是以仁义为"性之本然"的，因仁义为天所命，亦即人性来源于天命。也仅仅因为天命是人性的发端，所以人性也可称"天命之性"。"本然之性"主要回答人性与宇宙本体的联系。作为人性的外在表现形态即人的品质是千差万别的，加之人性物性相殊，这是否意味着性是多元的呢？张栻从宇宙本体与性之关系做出了回答。"何莫而不由于太极，亦何莫而不具于太极，是其本之一也。"即不管性的外在具体表现如何，从本原上说都是一元的，换言之，都是太极或天理的具体体现，性只是天理存在形式的体现，性从根本上与宇宙本体是统一的。正是性具有宇宙本体论方面的意义，所以才谓之"本然之性"。本然之性在整个性论中占有极为重要的地位，张栻独特的性善说就是以此为根据而提出的。如果说朱熹的性论主要是阐明天理与人性的关系,并由此建立起天人合一的哲学思辨体系,那么张栻则以本然之性为理论依据构成了性本善的理性主义的人生哲学体系。本然之性所涉及的内容是很广泛的,就其基本的内容而言,有以下三个方面:

首先,本然之性是绝对的善。"原人之生,天命之性纯粹至善而无恶之可萌者也。"不仅人性如此,"物之始生亦无有不善",物性也是善的。"其为不善者是岂性也哉",如果把不善也视为性,这是不知其为"善固性也"。当然不善也是有的,但它不是性,"或谓有性善有性不善,此以气禀为性者也",不善只能叫"气禀",本然之性是源,气禀之性是流,二者对人道德品质的形成虽然都是不可少的,但本然之性是最根本的。

其次,善并不是捉摸不定的,善即仁义道德,因此代表善的本然之性也就是封建的仁义道德。他说:"有太极则有两仪,故立天之道曰阴与阳,立地之道曰柔与刚,立人之道曰仁与义。仁义者性之所有而万善之宗也。人之为仁义乃其性之本然。……若违乎仁义则为失其性矣。"既然仁义是"性之所有而万善之宗",由此可见,性的本质也就是封建道德。不言而喻,性善的绝对性也就意味着封建道德的神圣性。"人之为仁义仍性之本然",亦即人的本性是完全符合封建道德原则的。"若违乎仁义则失其性矣",这说明仁义道德是判断人的本性的唯一标准,也是判断善恶的唯一标准。

再次,正因为性即封建道德,故性如同封建道德一样是永恒的。由此张栻提出本然之性也就是"本真",作为本真是不可移易的,"性之本然孰能使之耶",人对性只能法其自然,"无所为而然者",才能保持性的纯真,保持善的绝对性。反之"有以使之则为不善",如果像告子那样视性犹水,可决东西,那么性就失去了它的固有本质,不具有质的稳定性,因而这无异"是将天下为伪而迷其本真"。

总之,张栻上述立论虽然不完全一样,但说来说去都旨在论证人性是绝对的善,善即仁义道德,仁义道德为性之本真,一环扣一环,归根结底在于说明人性与封建道德具有不可分离的内在联系,以人性问题作为人伦道德的理论基础,并由此证明封建道德的神圣性。这是张栻重视本然之性的根本所在。

张栻的性善论表面上看仿佛是孟子性善论的重演,实际上二者之间存在着明显的差别。孟子认为人只有善的萌芽,即先天的"仁、义、礼、智四端",而张栻则明确指出"性固善也",人的本性就是善;孟子认为善的萌芽不假外求,为人所固有,存在于人之初,张栻指出善虽存在人初自身,但不是人所自生,而是"此天所授也",类似于董仲舒的"性乃天之所施也";孟子认为善为人所独具,禽兽等不具有善,张栻则认为善的本性为人与物所共具,人物一体,天人一体,善存在于整个宇宙之中。

  以上这些,说明张栻的性善论是独特的,是对孟子性善论与董仲舒天人合一的性善论的改造与综合,与荀子、告子和扬雄的性论更是大相径庭。张栻说:"伊川先生曰:'荀子之言性'杞柳之论也;扬子之言性'湍水之论也'。盖荀子谓人之性恶,以仁义为伪,而扬子则谓人之性善恶混,修其善则为善人,修其恶则为恶人故也。告子不识大本,……谓无分于善不善。夫无分于善不善,则性果何物邪?沦真实之理而委诸茫昧之地,其所害大矣。"(《孟子说·告子上》)诸子争论的焦点似乎集中在人的本性是否善的问题。告子、荀子以及扬雄对人的本性说法虽然不一样,但都否认善是人的固有本性。其实,争论有更深一层的意义,它关系到人伦道德的起源和封建道德是否具有神圣性等原则问题。如果对上述立论稍加剖析,张栻与荀子等人的根本分歧是显而易见的。荀子性恶是对性善的否定,即以恶为人的本性,这就与张栻的"善即仁义道德"相矛盾。特别是荀子的"以仁义为伪",即否认人的本性与封建道德原则相符合,而且由此也否认了人的品质所赖以形成的善本性的内在根据。这与张栻所要维护的封建道德的神圣性是相抵牾的。告子所谓性不善不恶,同样也否认了"善固性也",用张栻的话说,这是"善恶不出于性",且"以习成性也",从根本上违背了儒家以善恶观念来说明人性问题的传统。而扬雄的善恶混,看起来很全面、折衷,实与张栻的"天命之性纯粹至善而无恶之可萌者也"相乖戾,张栻认为这是"以气禀言性也",在理论上混淆了本然之性与气禀的区别,在实际上与因缘人性善的封建道德的立论相去千里。总之,所有这些分歧归根结底都涉及对封建道德的根本态度的问题,质而言之,都不符合理学家整饬三纲并以此为治国之本的要求。正是从这个意义上,张栻说荀子等人的人性论是"沦真实之理而委诸茫昧之地",并为此忧心忡忡,说"道学不明,性命之说莫之所宗"。

张栻如此强调人的本性善，不是偶然的。南宋社会人心动荡，以宋高宗为首的统治集团偏安江左，对金称臣纳贡，对内排除异己，加紧搜刮民财，江南城乡屡遭金军、官兵、游寇轮番洗劫，如篦梳头，残破不堪。正如监察御史韩璜在奏中所说："自江西至湖南，无问郡县与村落，极目灰烬，所至残破，十室九空。……嗷嗷之声，比比皆是。民心散畔，不绝如丝。"（《建炎以来系年要录》）广大农民在忍无可忍的情况下只得铤而走险，湖南、福建等地相继爆发了大规模的农民起义。"思以其道以易天下"，这就是当时理学家日以为念的。张栻受业胡宏，深受胡宏学术思想的启迪。胡宏曾以"驱除异习，纲纪圣体"为己任，期望"伊洛之业可振于无穷，洙泗之风一回于万古"，明确地提出振兴儒学、加强教化的任务。张栻学承师教，志在闻道，常以颜子自期，并作《希颜录》以自砥，主张为学之要在明人伦，把培养人伦道德精神看成是高于一切的目标。他上奏说："先王所以建事立功无不如志者，以其胸中之诚有以感格天人之心，而与之无间也。今规划虽劳，事功不立，陛下深察之。亦有私意之发以害吾之诚者乎！"张栻虽被皇帝召见七次之多，他在召对时屡以"皆修身务学，畏天恤民，抑侥幸屏谗谀"等言相奏。正是这些，使他对人的本性，对人生问题特别关注，并以此为出发点，围绕培养人伦道德精神、树立封建道德的权威展开了他的人性哲学。

培养人伦道德精神，关键在于使封建道德化为人的内心信念，形成人的品质，而这些都离不开对人自身本性的认识与把握。张栻正是扣住这个中心，从各个方面论证和回答了人的本质是什么的问题。

具有独特性的张栻的性善论，从两个方面来说明人性，提出自己的观点。

第一，从赋予人性以本体论方面的意义，提出了先天人性平等观。张栻认为人和万物其性皆同，"何独人尔，物之始生亦莫非善也"，人性物性"皆谓之性，性无乎不在也"。性既无乎不在，宇宙间万物本质皆由性构成，无疑性就具有世界本体的意义。这就是湖湘学派以性为体的思想，它在理论上阐明了因缘性基础上的人伦道德的普遍意义。不仅如此，张栻进一步说："曰人者天地之精，五行之秀，其所以为人者大体固无异也。"承认人性相同，或者说人具有相同的本质，此乃对董仲舒提出而为韩愈所坚持的传统"性三品"等级结构的否定，既不存在无须教化的圣人之性，也不存在不可教育的斗筲之性。张栻认为人之初"厥有常性"，性都是善的，天命之于人的机会是均等的。至于人接受天命的程度如何则是另一问题，不能因人的主观因素所形成的品质不齐而断言存在着先天的人性等级结构。"原其性之本一，而察其流行之各异。"既然人性是平等的，在道德修养和道德教育上，就不存在例外特权，最高统治者皇帝也包括在内。张栻和湖湘学子屡以修身务学规谏孝宗皇帝，与此认识是很有关系的。另外，因恶人也具有善的本性，所以也是可以改造和教育的，不能将其排除在教育的范围之外。这种人性问题上的平等论，在当时封建特权等级结构极为森严的社会，有一定的进步意义。

第二，从人性物性虽同但不等于人和物无殊，不等于人的品质相同中，可以看出张栻的所谓共有的善的本性是种潜在的、静止的本性，并不是现实的、活生生的具体个性。对此，他说得很清楚："论性之本则一而已矣，而其流行发见人物之所禀，有万之不同焉。"禀大理而成性，或说天理赋予人和万物是相同的，而且机会也是均等的。但天理"流行发见"，即由潜在的静态转化为外在的动态，人和物的禀受则是很不相同的，不仅"禽兽草木就其类之中，亦各有所不同"，而且人"就其身亦有参差不齐"。这不仅仅是形状上的差异，也不仅是理一与分殊的关系，而且是潜在的善的本性与现实的、活生生的品格上的差异。他说："无所为而然者，性情之正乃所谓善也。若有以使之则为不善。故曰人之可使为不善。然虽为不善，而其秉彝终不可殄灭，亦犹就下之理不泯于搏激之际也。"（《孟子说·告子上》）这段话指出性是寂然不动的，"无所为而然者，性情之正乃所谓善也"，即是说作为静止的、潜在的性是善的，"若有以使之则为不善"，这就说明不善是"有为"即变动造成的，特别是他指出的"虽为不善，而其秉彝终不可殄灭"，这就明确肯定了存在着潜在的善本性。张栻把潜在的善的本性与现实的性的外在表现即品质加以区分，这是他的性论的一个发明，其积极意义是很明显的，这不仅仅解答了"性本一"而性的外在表现即品质不齐的难题，更为重要的是提出了具有善的本性不一定就保证形成善的品质这一观点。反过来说，也不能因人有恶行而否认其有潜在的善本性。这显然是对传统的把性与现实品质相等同，由现实的品质不齐而推导出先天性等级结构的否定，并且明确地提出了由人的本性到品质形成需要一个转化过程。张栻认为，在这个转化过程中，进行道德修养和道德教育是极为重要的，人的品质虽与潜在的善的本性有内在联系，但归根结底取决于人的主体的精神状态。同样是天命之性，但这与朱熹等理学家为了强调天理而扼杀人的主动精神是相异的。可见，张栻通过内在的性到外在品质形成这个转化的环节，构成了与传统以及与朱熹相别的、客体和主体都受到尊重的独特的天人合一论。

二、气禀之性

气禀之性也是张栻人性哲学中的重要概念。确切地说，张栻所提出的是"气禀"，但从他一再强调的"以善恶混，此以气禀言性也"，特别是从他的所谓人的道德品质不仅依赖于善本性的内在根据，也依赖于人的气禀而言，气禀也可看作不同于天命之性而与此相对称的气禀之性。气禀是人性中不可分离的组成部分。如果说天命之性近乎人的一级本质，那么气禀之性便近乎人的二级本质。前者主要说明人类有共同潜在的善本性，后者旨在说明个体的人的品质不齐的原因和根据。气禀之性与天命之性最大的不同，就在于前者是善恶混，即包括了善和恶两种不同质在内，而后者则是绝对的善，张栻称前者为气，称后者为性。张栻认为气与性是"用"和"体"的关系，可以表述为"性体气用"。他说："程子曰：'论性而不论气不备，论气而不论性不明。'盖论性而不及气，则昧夫人物之分，而太极之用不行矣；论气而不及性，则迷夫大本之一，而太极之体不立矣。用之不行，体之不立，焉得谓之知性乎？异端之所以贼仁害义，皆自此也。"（《孟子说·告子上》）紧紧扣住性体气用的关系来说明人性中的一切问题，这是张栻人性哲学的一个突出特点。许多历史上有争论的疑难问题，他由此都找到了答案。例如，如果只拘泥于性之本一，那就解释不了人物相殊、人性外在表现即品质不齐的现象；反之，如果仅限于气的说明，那么必然会导致性的多元论，必然会使"太极之体不立"，从而也就否认了善的普遍性。"用之不行，体之不立，焉得谓之知性乎？"可见离开了性体气用的关系就不可能真正了解人性，从而怀疑和损坏封建道德的权威性。张栻把天命之性和气禀之性看作人性中的两个重要的范畴，其原因就在于此。

关于人性为天所授，不少思想家都如此说。但天命如何安顿在人身上而体现为性，换言之，人通过什么途径才能接受天命并具体转化为个体人的品质，却少有人做过理论上的系统说明。而张栻的气禀之性说却完成了这个任务。

首先，他认为气禀之性并不是独立地存在于天命之性之外而与之毫无相干的范畴，相反，它是天命之性衍化的结果，或者说是它的外化。他说："太极动而二气形，二气形而万物化生，人与物俱本乎此者也。"（《存斋记》）太极原是寂然不动的。由于它的发动，即由静态转化为变动状态，而产生阴阳二气，通过阴阳二气的"絪缊交感"，从而产生人和万物。天理是无形无迹的，人不能把握，而由天理衍化的阴阳二气却是有形的，人们可以把握。因此人禀天理而成性，并不是天或神直接赐予人的，而是通过天理的流行发见即阴阳二气五行这个环节实现的。既然是这样，为何人和万物的气禀却又呈现出千差万别呢？张栻认为有两个原因：一是阴阳五行本身氤氲交感，变化不齐，这就是张栻一再说的"二气五行絪缊交感，其变不齐，故其发见于人物者，气禀各异而有万之不同也"，当然被禀受的客体对象本身的差异，无疑要影响禀受的主体的差别。另一个原因则是禀受主体的差别，拿人与万物气禀不同来说，就在于"惟人得二气之精，五行之秀，其虚灵知觉之心有以推之，而万善可备，以不失其天地之全，故性善之名独归于人，而为天地之心也"。人具有虚灵知觉之心，即有思想、有心理活动的机制和能力，说得更具体点便是："人为万物之灵，其虚灵知觉之心，可以通乎天地之理。"（《论语解·里仁篇》）心与天通，禀天理关键在于心。"理之自然谓之天，命于人为性，立于性为心，天也，性也，心也，所取则异，而体则同。"然而由于系之"性立"的虚灵知觉之心万物所不备，所以形成了人物相殊，气禀各异。这样说是否同"人和万物其性皆一"相矛盾呢？张栻不是一再说"人生与万物具本于太极"吗？其实这并不矛盾。张栻认为人和万物都是太极所派生，太极既是人性物性的本根，也是人和物以形的本根，所以人和万物均本于太极。正是从本根这个意义上说，人和万物具有共同的性，否则世界就是多元的了，天命也就会由此失去权威。所谓人物同性是指太极未发动的状态，即静止潜在的状态,这时性的特点是纯粹至善的,然而当"太极发动而气形",产生了阴阳氤氲交感,原来是纯粹至善的性就发生了变化,出现了"二气之正"和"繁气"。二气之正可与天地之性相通,实际上是对太极及天理的保存,从繁气与天地之性不能相通,"气昏"而不得天地之全,繁气便是对天理的丧失,"性本善而人禀夫气之正"。这就说明"气之正"便是善。反之,"物则为气昏而不能自通也",证明繁气就具有恶的含义。张栻认为,气禀之性善恶混就是由此得来。既然如此,所以人、物在气禀的过程中就有接受上述二气之正和繁气的两种可能。

诚如上述,由于万物不具有虚灵知觉之心,不能与天地之性相通,所以"物则其繁气也",相反,人可以得二气之精、五行之秀,这就产生人和物的区别,造成性齐又不齐。这虽然是抽象的人性哲学思辨,但从理论思维的角度说,坚持性的统一性和表现形式的多样性,应当说是对过去人性哲学的发展。

人性和物性的区别尚且如此,那么又如何解释人作为"类"其性皆同而性的外在表现即品质又是千差万别的呢?这历来是人性问题中令人感到困惑的问题。由于历史条件的限制,张栻同样也不能对此做出科学的说明,然而较传统的人性论仍具有他的特点。

自先秦以降,关于人性不齐(确切地说是人性外在表现即品质不齐)的论述屡见不鲜,要害是如何看待恶的问题。孟子把恶单纯归结为外在因素即物欲对性的陷溺;荀子则把恶归结为先天的本性;董仲舒的性三品,认为性是先天的不可移易的等级结构,恶同善一样都是先天形成的。张栻认为恶之所以生以及一切人的品质的差异,都是在由性到人的品质形成这个转化过程中产生的。凡是在此过程中能"尽其性"者,便能形成善的品质,反之便产生恶。"圣人能尽其性,故为人伦之至,众人则有所蔽夺而沦失之耳。"(《阃范》)"尽其性"并不是张栻的发明,孟子早已提出,但在如何才能尽其性的问题上,张栻与朱熹产生了分歧。其中最突出的分歧是如何看待天理与人欲的关系。从孟子到朱熹都把尽其性与灭人欲联系在一起,似乎两者如同水火,有此无彼,或有彼无此,人欲成为破坏和损害天理即人性的罪恶渊薮,因此孟子得出排除物对性的陷溺,朱熹更进一步提出"天理人欲不并立"及"存天理,灭人欲"的主张。张栻虽然也承认人欲与天理有矛盾，但他却说："食色固出性，然莫不则矣。"一方面说明人欲出于性，另一方面也说明人欲离不开则即天理的制约。正是因为二者之间存在着同一性，所以天理与人欲才相互制约。如果像朱熹所说的是毫不相干的两回事，那么所谓通过灭人欲以达到存天理便是毫无意义的。不仅如此，正如性中存在着人欲一样，在天理的流行过程中也伴随着人欲。张栻在《潭州重修岳麓书院记》中明确地说："天理人欲同行异情。"二者结伴而行谓之同行，并不像朱熹所说的是不并立的。正因如此，张栻在一定程度上承认了人欲存在的某种合理性，不主张消灭人欲，而主张以天理对人欲加以控制。他说："天理不明而人欲莫之遏矣。"如果出现人欲横流，那么罪不在人欲本身，而在于天理对人欲的失控。且不论天理的特定意义如何，单就其主张以道德原则对人欲加以控制，这在处理人与人之间的关系方面是不失其积极意义的。特别是他提出以"遏"取代朱熹的"灭人欲"，也具有反禁欲主义的倾向。

在与人欲紧密联系的情的问题上，张栻的主张与灭情观点也大不相同。从情具有恶的特定意义上说，灭人欲和灭情往往被看成是一回事，在这方面尤以佛教最为典型。张栻提出的是"异情"的概念，"天理人欲同行异情"。如同"天理人欲相伴流行"一样，异情不是要灭情，而是要对情加以区别，对符合道德原则的情要保存和肯定，要努力去掉的只是那些妨害性转化为个人品质的情。因此，他提出了勿使情乱的主张。情乱则性乱，情正则性正，要保证善的本性能够转化为善的品质，必须做到情正，"情乱则失其性之正，是以为不善也"。由此可见，如何处理好情和性的关系，这是决定由人性转化为品质的重要条件。换句话说，正是对此处理不同，恶可能随之产生，而人的品质也就形成了差异。这里，仅以情性不离而言，也具有反对佛教的灭情见性的意义。

三、人性与教育

人性与教育的关系，如同天命之性和气禀之性一样，也是张栻人性哲学体系的重要组成部分。如果说天命之性主要说明人的本性来源于天命，那么气禀之性主要说明天命之性如何体现为个体的人的本性，形成人的具体品质，而人性与教育的关系则着重回答了道德教育在人的品质形成过程中的作用。

上述三个方面构成了张栻人性哲学的逻辑体系，一环紧扣一环，环环递进，天命之性和气禀之性的一切哲学思辨，最后都落实到了人的道德品质的培养，都为道德教育的必要性提供了理论依据。

关于人性与教育的关系问题，是中国思想史上的老问题。自孟子始，几乎所有的儒家学者，都认为道德品质是人性中具有的善端扩充和发展的结果，或者说是天赋道德原则的表现，所以他们主张道德教育和道德修养都是为了恢复原来人的所谓本性。张栻虽然也认为道德品质与先天人性存在着一定的必然联系，然而他没有把人性与道德品质看作一回事，并以此为据提出了道德教育必要性问题。他在《潭州重修岳麓书院记》中明确地说："惟民之生，厥有常性，而不能以自达，故有赖于圣贤者出而开之，是以二帝三王之政，莫不以教学为先务。"他所说的"常性不自达，为政治国须以教学为先务"，无异是说道德品质不能由人性中自然而然生成。不管张栻的主观动机如何，他的这段话客观上承认了道德品质要靠后天的培养。正因如此，张栻的性善论不是引导人们欣赏和自我满足所谓先天的善性，等待性善的发现，恰恰相反，张栻从论证人性不等于人的品质出发，引导人们注意培养自己的道德品质，尤其提倡自己刻苦的学习和艰苦的磨炼。"性善之名独归于人"，其原因不在人与万物在性上有何区别，而在于人"修道立教"。圣人之所以成为圣人，其原因同样也不在性上，而在于"学不厌，教不倦"。反过来也可以说，如果人没有教育的熏陶，那就无异于枯槁之木，而所谓遏人欲，勿使情乱，都会落空，更不要说做圣人了。由此可见，张栻的人性论是要人们从过去对性善的盲从中认识到道德教育和道德修养的必要性和重要性，不要相信道德自发论。正是在这点上，张栻的人性哲学表现了理性主义的倾向。

张栻始终把道德品质形成的过程看作是道德教育施行的过程。对于这二者的联系，他做了多方论证，这集中体现在他写的学记中。学记提出了道德教育中的一系列问题，举其要者有以下几个方面。

第一，道德教育施行的过程也就是向人们灌输儒家伦理思想的过程。他认为当时教化不彰，争功逐利，就在于没有儒家思想做指导，对此他十分忧虑，说："今日大患，是不悦儒学，争驰乎功利之末，而以先王严恭寅畏事天保民之心，为迂阔迟钝之说。……上聪明，所恨无人朝夕讲道至理，以开广圣心，此实今日兴衰之本也。"（《答朱元晦》）

第二，提出要把道德教育作为立书院、办学校的根本宗旨。张栻在主教岳麓书院时便明确宣布："岂将使子群居族谭，但为决科利禄计乎？抑岂使子习为言语文词之工而已乎？盖欲成就人才，以传斯道而济斯民也。"（《潭州重修岳麓书院记》）当然作为成就人才，"传道"是十分必要的，但为此连"习为言语文词之工"也不要了，这是不正确的。因为良好的道德与一定的文化素养是有联系的。文明与道德相随，愚昧与丑恶相伴，自古已然，德育和智育都是必要的。张栻虽然忽视了两者的内在联系，但他把"成就人才"与"传斯道而济斯民"联系起来，反映了道德教育的强烈现实政治目的。

第三，"传斯道"指的是要使学生掌握封建孝悌之类的道德原则和规范。他说："谨庠序之教，申之以孝悌之义，而后知先王所以建庠序之意，以教之孝悌为先也。申云者，朝夕讲明之云耳。盖孝悌者，天下之顺德，人而兴于孝悌，则万善类长，人道之所由立也。"（《雷州学记》）通过教育，使君子"自得其良心"，小人"亦知畏义而远罪"，道德自可发挥它的功能作用，达到传道济民的目的，这也是封建道德职能得以发挥的实际途径。不仅如此，张栻提出了道德教育中许多具体的原则和方法，如"学贵利行"的知行结合的原则，"学者之于道，其为有渐，其进有序"的循序渐进的方法等，都是道德教育中有价值的思想。对道德品质结构中道德认识、道德情感、道德意志、道德信念和道德习惯这五个要素的培养，几乎都包括在张栻的道德教育中，特别是对道德认识和道德意志论述尤为详尽。

张栻认为要培养人的道德品质，培养和提高人们的道德认识能力是十分重要的。"不知言则诐淫邪遁足以乱矣"，在道德品质形成过程中出现的问题与"不知言"有关。张栻释"知言"为"知道"，故不知言即是没有正确的道德认识。何谓诐淫邪遁？张栻解释说："夫其所为诐者以其有所蔽而不通也，其所以为淫者以其有所陷溺而荡也，邪者以其支离而偏也，遁者以其有所穷而展转他出也。"以此与不知言联系起来，显而易见"不知言则诐淫邪遁足以乱矣"即是指人们在道德行为选择中没有自知、自择的能力，会陷入异端之失，离开了封建道德要求的轨道。相反，他认为当人知言时，其情形完全是另一个样子，"所以知其然者，以吾不蔽、不陷、不离、不穷故也"，即人们遇到了道德冲突、面临善和恶两种行为可能的选择。只有对封建道德有深刻的认识，才能保证自觉地按照封建道德的要求去选择自己的行为，才能排除在践行封建道德时的一切阻力。我们抛开知言具有特定的内容不论，但以道德品质培养必须以提高道德认识为前提，道德行为必须以道德认识作指导，仍不失其积极意义。

在道德教育过程中，张栻很注意道德意志的磨炼和培养，在一定意义上说，张栻注意到了教育过程的主观和客观、内因和外因的联系与统一。不管教育如何得法，如果不经过受教育者自己主观的努力，封建道德自然不能形成情感，化为内心信念，变为道德习惯，在所有这一切中，道德意志对其他品质要素的形成起着支撑的作用。所以张栻认为在道德修养中最为重要的是要有一种坚韧不拔和矢志不移的精神。他说："以古之明君惧一暴十寒之为害也，则博求贤才，置诸左右，朝夕相处，而远佞人，所以养德也。岂独人君为然，一暴十寒之病为士者，其可一日而不念乎！然其要则在于专心致志而已。专心致志，学之大方，居敬之道也。"在人的主观努力中，张栻很重视立志，并对其老师胡宏之立身行道深表敬意。胡宏所主张的"临大节而不可夺，有道德足以赞时，有事业足以拨动，进退自得，风不能靡，波不能流，身虽死矣而凛凛然长有生气如在人间者"，张栻深受其影响。他年少立志，并写《希颜录》呈送胡宏批阅，得胡宏嘉许，"见其大器，即以所闻孔门论仁亲切之旨告之"。张栻为了立志，专门写了《主一箴》《艮斋铭》等一类的座右铭。"艮斋"本为建安魏元履燕居之室，在《易经》中，艮为止，止其所也，其意是知止为始，得其所为终，而知止则有道矣。张栻以此作铭，表示他研究学问，志在闻道。他认为若是人人能立志则天理自著，人伦自明。他说："今之学者苟能立志尚友，讲论问辩，而于人伦之际审加察焉，敬守力行，勿舍勿夺，则良心可识而天理自著。"（《郴州学记》）当然这主要是从道德修养上说的，然而道德修养作为自我教育的重要方式，无疑也归属于道德教育系统，这不仅不与道德教育相矛盾，反而恰恰是道德教育所要求做到的。强调道德教育的作用，强调修养的自我教育方式，不管是前者还是后者，人的主动精神的发挥是品质形成的关键。如果说人性也是人的品质形成的重要条件，那么在张栻看来，二者比较起来显然人的主动精神居第一位，而潜在人性并不能决定道德品质最终形成，所以它是第二位的。张栻的人性哲学虽然在总体上还是属理学体系，但他毕竟从正统理学观念中迈开了新的探索步伐。在张栻整个人性哲学中，他的道德教育思想是值得重视的。

第五章 张栻的圣德王功之学

《庄子·天下》说:"是故内圣外王之道,暗而不明,郁而不发,天下之人,各为其所欲焉,以自为方。"如果说先秦时期"内圣外王"即圣德王功之学,处于"暗而不明,郁而不发"的状态,那么,到宋代其情形则大不相同了。理学家对此阐发甚详,倡之最力,几乎都以此相标榜。程颐曾把邵雍之学概括为内圣外王之学,他说:"尧夫内圣外王之学也。"(《宋史·邵雍传》)其他理学家几乎都把圣德王功之学作为构建其思想体系的重要组成部分。张栻的圣德王功之学内涵极其丰富,然撮其要旨,主要有两个方面的内容——内圣之学和王功之学。

一、内圣之学

圣人，是中国思想史中颇具特色的一个概念。早期儒家的圣人，涵盖古代的杰出人物，即指尧、舜、禹、汤、文、武、周公等。提出"圣王"，本义是早期儒家为后王塑造的一个榜样，并以此作为约束和限制后王的一种规范和准则。我们知道，儒家是主张大一统的，主张国家统一和民族独立，然而国家统一和民族独立必须有一个标志，或者说要有一个代表，他们认为君主就是此代表。因此，忠于国家民族总是与忠君联系在一起，为了维护前者，儒家主张尊君，并极力推崇君主的权威。在儒家看来，为君者必须具备下列条件：第一，受命称王者必须是圣人，要像禹、汤、文、武一样，否则，不能成为君主；第二，为君者必须顺乎民意，如《尚书》所说那样，"民为邦本，本固邦宁"，君主必须为民做主，得人心者得天下，失人心者失天下；第三，为君者必须具有极高的道德境界，有严格的道德修养，修身、齐家、治国、平天下，不仅能成为典范，而且孜孜以求不断改造。以上就是儒家理想中君主的一种形象。

因为受命称王必须具备上述条件，所以这实际上也就是对君主权力的一种限制。"圣人"就是在此情况下提出的，儒家认为古圣先王具备上述的人格，体现了上述为君者的条件，故将其尊奉为圣人。先王为后王树立了典范和榜样，因此后继者必须法先王。所谓"法先王"，并不是要复古和倒退，其本意是要后王效法先王的榜样，以禹汤文武的榜样为榜样，以先王的人格为人格，总之凡受命称王者一定是圣人。虽然早期儒者对先王即圣人的描述加入了他们理想化的色彩，似乎有点谈高说妙，然而古代是否真正存在如儒者所描述的圣人却是无关紧要的，重要的是他们提出了为王者必须具备圣人的条件，这无疑为后王树立了一面镜子，提出了衡量王者人格的一个标准。自古以来，中国的皇帝总要为自己冠上一个使人畏缩的"圣"字，即所谓圣旨、圣谕、圣恩、圣言、圣功等，把自己装扮成超凡入圣的王者。然而是真圣还是假圣，儒者为此提出一个衡量的标准，提出了圣人的概念。借助先王，实际上是为后王立法，尊奉先王，实际上是对后王权力的一种限制。虽然古代社会限制君主的权力是极其有限的，然而中国古代圣人概念的提出对无限膨胀的君主权力也起到了限制作用，至少起了某种舆论监督的作用。

正是出于儒家在政治上限制君主权力的需要，因此历来儒家对以阐述圣人人格为主旨的圣学颇为重视，从而形成了一套圣人理论，尤其是新儒学即理学，可以称为圣人之学。在此基础上还建立了道统论，除了早期儒者所列的先王，还增加了孔子、孟子等儒家的代表人物。把孔子这类非君的人列入圣人行列之后，圣人就越来越理想化了，几乎成了一种超凡入圣而完美无缺者，集人世间一切美好的属性于一身，成为人之上的超人，近乎宗教所描绘的神。时代虽然在不断推移变化，但只要人间还存在着君主，则此圣人之学在中国古代社会始终不衰。

张栻的内圣之学是从以下两个方面展开的：

（一）内圣的构成要素

张栻的圣人之学的一个突出特点，是始终把圣人当作一面镜子用以对照时君，使其形成人格上的强烈反差，并且以此阐述了内圣的构成要素。

首先，张栻认为南宋皇帝虽然有规划之劳，日夜孜孜，然王功不立，山河破碎，朝纲不振，其原因乃在皇上内圣不立，不具圣德。他上疏孝宗说："亦有私意之发以害吾之诚者乎？"奉劝孝宗以"胸中之诚有以感格天人之心，而与之无间也"。这就是说，君主治理江山首先要培养自己的内圣品德，为此他上书屡言皇帝必须"修身务学"。像早期儒家提出的法先王一样，张栻通过对秦汉历史兴衰的检讨也得出了效法先王的结论。他说：

> 秦汉以来，言治者汩于五伯功利之习，求道者沦于异端空虚之说，而于先王发政施仁之实，圣人天理人伦之教，莫克推寻而讲明之。故言治者无预于学，而求道者反不涉于事，孔孟之书仅传，而学者莫得其门而入，生民不克睹乎三代之盛，可胜叹哉。（《南康军新立濂溪祠记》）

且不说张栻对此历史评价是否正确，但他指出秦汉以后没于"圣人天理人伦之教"，与其说是论古，倒不如说是论今，也就是说当今"求道者沦于异端空虚之说"。既然圣学不明，那么当今也就没有圣人了，由此他率直明言：

> 嗟乎！自圣学不明，语道者不睹夫大全，卑则割裂而无统，高则汗漫而不精，是以性命之说，不参乎事物之际，而经世之务，仅出乎私意小智之为，岂不可叹哉！（《通书后跋》）

如果联系到南宋朝廷把杭州作汴京，不思家国之仇，张栻叹于当世"仅出于私意小智之为"，不是无针对性的。圣学犹如一面镜子，起到对照、鞭策后王的作用。很显然，此圣人之学不是针对一般人的，而与其倡说的修身、齐家、治国、平天下一样，是针对最高统治者的。修身旨在铸造内圣的品德，那么内圣的内涵是什么？张栻由此提出了内圣的构成要素。他说：

> 学者潜心孔孟，必得其门而入，愚以为莫先于义利之辨，盖圣学无所为而然也。无所为而然者，命之所以不已，性之所以不偏，而教之所以无穷也。凡有所为而然者，皆人欲之私，而非天理之所存。此义利之分也。自未尝省察者言之，终日之间鲜为不利矣，非特名位货殖而后为利也。斯须之顷，意之所向，一涉于有所为，虽有浅深之不同，而其徇己自私则一而已。如孟子所谓内交要誉恶其声之类是也。是心日滋，则善端遏塞，欲迹圣贤之门墙以求自得，岂非却行以望及前人乎？使谈高说妙不过渺茫臆度，譬犹无根之木，无本之水，其何益乎？学者当立志以为先，持敬以为本，而精察于动静之间，毫厘之差，审其为霄壤之判，则有以用吾力矣。学然后知不足，

平时未觉吾利欲之多也。灼然有见于义利之辨，将日救过不暇，由是而不舍，则趣益深，理益明，而不可以已也。（《孟子讲义序》）

朱熹曾对张栻义利之辨大为称道，评价说"独其见于论说，则义利之间，毫厘之辨，盖有出于前哲之所欲言而未及究者"。

概括地说，张栻义利之辨有三方面的内容：第一，所谓圣学就是义利之学，求圣必遵此门而入，圣学不明，即义与利之辨不明；第二，义利之辨，也就是天理人欲之辨，义与利之分界即在如此，"皆人欲之私，而非天理之所存，此义利之分也"，因此重义轻利乃在以天理去支配人欲；第三，要做到不为利所动，必须"无所为而然"，相反地，"凡有所为而然者，皆人欲之私"。从张栻的义利之辨中，我们不难看出：所谓圣与不圣的关键在于对待义与利、天理与人欲的态度，或者说在这方面的选择。圣人之所以成为圣人，乃在于物欲诱惑面前能"无所为而然也"，能自觉地抵御物欲的诱惑。与此相反，人之不入圣在于"有为"，"一涉于有所为，虽有浅深之不同，而其徇己自私则一而已"。对待无为与有为，是关乎私利诱惑与否，因此，作为圣人当以立志为先，持敬为本，保存和培养自己的天理与义，并使永静置于心中，不外发，这样就能"了然坐判于胸中，私径永绝"。

不仅如此，张栻还认为义与利蕴涵于道中而又相互冲突，因此尤须对私诱保持警惕，"念虑之起，必察其为义"，否则，"犯荆棘入险阻之私径也"，从而堕入人欲之深渊中。所以他又说：

嗟乎！道二，义与利而已矣。义者，亘古今通天下之正途，而利者，犯荆棘入险阻之私径也。……念虑之起，必察其为义乎？利乎？诡遇获禽，虽若邱陵吾弗屑也，则所谓良心之不可以已者，将日引月长，既久且熟，几微毫发，了然坐判于胸中，私径永绝，正途大通，驷马驾安车，而王良造父为之先后，未孰御焉。（《送刘圭父序》）

众所周知，义与利，每个时代都有其特定含义，但是不管怎样，每个社会乃至每个人都毫无例外地存在着义和利的冲突，存在着对二者的选择。对此关系调整是否得当，对于一般人来说关系到人际之间和谐与否。如果是最高统治者及其统治集团，那就关系到国家的稳定乃至安危。张栻等理学家所常为叹息者是当时南宋皇帝及其统治集团沉缅于酒色，追求于奢侈，由此他们强调义利之辨，把天理作为构成内圣的第一要素并不是在谈高说妙，而是对社会弊病的有所深发。

与义利问题相联系，张栻认为"公"也是构成内圣品德的一个要素。他说："理义者，天下之公也。"如果说张栻在义利之辨尚未明确人格的区分，那么在公与私的冲突和选择上却做了划分，"君子小人之分，公私之间而已"。对公与私趋向和所怀不同，就形成了君子与小人的分水岭。他说："君子小人趋向之异，故所怀不同。大抵公私之分而已。"把公与私作为君子与小人的分界，这显然不是政治等级上的划分，而是一种道德上的判断，人格上的评价。何谓"公"？张栻解释说：

> 仁说如天地以生物为心之语，平看虽不妨，然恐不若只云天地生物之心，人得之为人之心，似完全，如何？仁道难名，惟公近之，然不可便以公为仁。又曰：公而以人体之，故为仁。此意指仁体极为深切，爱终恐只是情。盖公天下而无物我之私焉，则其爱无不溥矣。（《答朱元晦秘书》）

张栻虽不认为公就是仁，但他认为当公以人体之时，公即是仁。由此可见，公是个伦理学范畴。"理义者，天下之公也。不为尧桀而存亡。"既然公者即理义，那么公无疑也是构成内圣的要素。

其次，张栻认为尽天理，或者说君子怀公，实际上是尽其所以然，圣人言行不妄。乃在于此。所以他又说：

> 天下之事，莫不有所以然，不知其然而作焉，皆妄而已。圣人之动，无非实理也，其有不知而作者乎？（《论语解·述而篇》）

他还说："事事物物皆有所以然，天之理也。"所以然既指事物的本质与规律，又指大道，所谓"圣人之动，无非实理也"，实际上把人的道德心理状态归之于一种必然性道德戒律，赋有一种形而上的性质，从而为内圣提出了更深层次的要求。在张栻看来，尽其所以然，不仅得天道，亦得人道。"所谓闻道者，突然之理自得于心也。"因为天理涵盖人道，所以得天理也就是得人道。由此圣人就进入天人合一的道德境界。由义到天理，再及"公与复及所以然"，提法上虽有不同，实质上都是指的内圣品德构成的要素。

张栻认为上述要素构成了人的本质。"人之为仁义乃性之本然"，归根结底，尽天理或其他构成内圣要素均是尽性而已。他说："圣人能尽其性，故为人伦之至，众人则有蔽夺而沦失之耳。"通过性的规定，最后把天理、义、公、所以然统一起来了，即归结为一种道德本质。因此，上述内圣要素所指乃是一种封建道德原则以及规范，亦即是张栻所一再强调的"仁义乃性之本然"。这就说明，张栻孜孜以描画的圣人形象乃是以封建纲常道德为其摹本的，圣人只不过是封建道德的化身罢了。

道德作为一定的经济结构的产物，在特定的社会条件下，它的存在是有其必然性的。张栻大倡内圣之学，正好说明借以维持封建统治秩序的道德伦理被统治者破坏了。大倡内圣之学，实际上是有所指的。如果人们联想到当时的前后最高统治者徽宗、钦宗、高宗、孝宗、宁宗以及宰辅之臣蔡京、蔡攸、高逑、耿南仲、秦桧、贾似道之流，张栻为之塑造的圣人形象犹如一面透彻晶莹的镜子，反映出君主之不贤。与其说这是歌颂古圣先贤，毋宁说是批评和鞭策君主。虽说是尊君奉上，但是张栻认为为君主者必须是有条件的，即具有内圣的品德。虽未像孟子所明言违此则是人人得而诛之的独夫民贼，但张栻提出的这套圣人理论所起的舆论作用也是不可忽视的。

（二）进入内圣的途径和方法

张栻说："尘世利名无着意，圣门事业要精求。"这说明入圣需要一番精求的修养功夫。张栻与董仲舒、韩愈等人传统的看法不同，并不认为圣人是天生的。相反地，他认为圣人与众人并无本性的差别，"众人与圣人本同然也，而其莫同者以众人失其养故也"。所谓"同然也"，实是理义相同也。张栻说："其所同然者，理也，义也。曰理而又曰义，在心为理，处物为义。"既然圣人与众人都具有相同的内圣根据，为何众人不能形成内圣的品德呢？张栻认为这是因为"众人失其养故也"，即有失对理义等内圣品德组成要素的培育与持养。张栻认为入圣需要精求。他说：

> 夫既曰同然口耳目皆有同也，何独心不然，此所当深思者也。口耳目丽乎气，故有形者，皆得其同而心则宰之者也，形而上者也。故其所同者反隔于有形而莫之能通，反躬而去其蔽，则斯见其大同者矣。其所同然者，理也，义也。……理义之所以悦我心者。以理义者，固心之所以为心者也，得乎理义则油然而悦矣。（《孟子说·告子上》）

虽然人人具有内圣品德的要素，但并不能就此形成圣人的品德，换言之，对此必须加以体验，去其形而上之蔽，剪除口耳目等感官物欲之染，方能还本于"同然也"。张栻在指出人所不能入圣的原因时说道："何者，天理不明，本不立故耳。"由此张栻提出了圣德功夫即追求和实现天理的途径和方法。首先，他提出主体与客体、静和动相结合的作圣功夫。这就是"躬行实践""默识心通"。在此值得特别注意的是躬行实践的提法，朱熹等曾对此屡有诘难与微词。何谓实践？张栻说："践之为言，履践之践也。"又说："修身以践形也。"这说明实践即是修身，亦即践形。为何在修养中必须践形呢？张栻认为"形之外无余性也"，这就是说，人的本性是被形所体现的，离不开实实在在、活生生的肉体即形而存在。因此，要尽其理，或尽其性，都必须践形。此形既是同然者即理义的依托，又是同然者莫之相通的障碍，践形乃在打通同然者与形之相隔，去其形其所蔽。因此，践形在修养中是绝对必要的。此外，张栻认为还需默识心通。关于"默识"，前人曾把此作为思维活动和智力。如唐代柳宗元便说："纯粹之气，注于人也为明，得之者，爽达而先觉，鉴照而无隐，盹盹于独见，渊渊于默识，则明者又其一端耳。"张栻的默识心通与此相类似，即把默识作为一种智慧。从他所说"有形者，皆得其同而心则宰之也"，似乎默识又是心，即一种理性思维活动。何谓心通？张栻说："固心之所以为心者也，得乎理义则油然而悦矣"，这就是说心通则是理义归之于心，心得此油然而悦谓之心通。由此可见，所谓默识心通，实际上是尽天理。张栻自叹众人不悟此理："徒知有六尺血气之躯，而不知其体元与天地相同也，岂不可惜？"把默识心通与躬行实践连贯来看，即在道德修养中必须主体与客体相结合，既要发挥主体精神的作用，对天理加以体念，又要贯穿于言行实践中，特别离不开感官的直觉。前者求之于静，后者则求之于动，所以作圣功夫又是静和动的结合。

从总的方面来看，张栻在修养中所特别强调的乃是"思"即内省功夫。他说：

> 耳目，物也，以物而交于物，则为其引取固宜，若心为之主则能思矣。思而得之，而物不能夺也。所谓思而得之者，亦岂外取之乎？乃天之所以与我，是天理之存于人心者也。人皆有之，不思故不得，思则得矣。……故君子之动以理，小人之动以物。动以理者，心得其宰而物随之；动以物者，心放而欲流，其何有极也。……思其所以然而循天理之所无事，则虽日与事物接而心体无乎不在也。（《孟子说·告子上》）

虽然张栻并未排除感官的直觉作用，但认为耳目是物，以此去接触事物则只是"以物而交于物"而已。张栻认为天理存于人心中，仅靠感官的直觉是不能尽天理的。恰恰相反，"动以物者，心放而欲流"。因此，在修养中最要紧的是内求的思。"不思故不得，思则得矣"，这就是说只有思才能尽天理。"所谓思而得之者，亦岂外取之乎？"此思显然不是指一般认识事物过程中的理性思维活动，而是一种内省功夫，抑或说是种反省。内省固然在道德修养中有其积极作用，但张栻把其与接触事物完全对立起来，则不可避免地要陷入神秘的修养论。

在道德修养中，张栻特别提出了"主一"，此方法亦为朱熹所称道。关于"一"的提法，在中国思想史上不乏其例，而且从来都不将其作为一个抽象的数学符号，而视其为蕴含很深的哲理概念。如汉儒董仲舒曾把一视为"忠"。他说："心止于一中者谓之忠，持二中者谓之患。患，人之中不一者也，不一者，故患之所由生也。是故君子贱二而贵一。"董仲舒也是主一的，并把此提到了天道的高度，即所谓"一而不二者，天之行也"。宋儒程颐也曾提出主一。张栻的主一实与前人有思想渊源关系，只不过他对主一做了进一步的阐述。他说：

> 《遗书》云：有人胸中，若有两人焉。欲为善，如有恶以为之间，欲为不善，又若有羞恶之心者。此正交战之验也。持其志，使气不能乱，此大可验。不知如何而持其志。方其欲持志之时，而二者犹交战于胸中，则奈何？持志者，主一之谓。若曰欲持志之时，二者犹交战于胸中，是不能主一也，志不立也。（《答胡季随》）

张栻对"一"的解释比起董仲舒等更为系统而深刻。董仲舒只是说天道之成不能二，即"是以目不能二视，耳不能二听，一手不能二事。一手画方，一手画圆，莫能成"。张栻之谓一，不仅仅如此，而且一也是指的一种内讼功夫，所谓"二者犹交战于胸中"，即是说人有内在善恶之间的冲突，在此之间要有正确的选择，择善去恶，必须主一，这样才能"使气不能乱"。这善恶二者不能调和，必须经过内讼，以期达到的是存善去恶，因而内讼也是主一。但是要保证内讼的预期目的，张栻认为必须立志，"持其志，使气不能乱也"，因此主一也就是立志。"二者犹交战于胸中，是不能主一也，志不立也"，即是说不能存在善与恶的冲突，要保持绝对的善。然而张栻认为这些都有赖于立志，因此，要做到主一，归根结底在持志。伦理学告诉我们，意志在人的活动中，有两种显著的职能：一是自觉地确定目的，克服困难去实现目标；二是对人的活动起到支配和调节作用。它支配、调节人的意志行动，心理状态、认识活动和情感活动。由于志能自觉克服困难达到目标和支配、调节人的行为与心理活动，于是就构成了它自身的品质。张栻把主一最后归为持志，不仅强调了在修养中的高度自觉性，而且也是以志去确定自己的目的，并以坚韧不拔的毅力去实现目标。具体地说，张栻认为在修养中越是遇到障碍，越是要有志支配。当学生问到思虑纷扰之患如何解决时，他回答说"会处之要，莫若主一"，这就是"思此事时只思此事，做此事时只做此事，莫教别底交互出来"。人具有自控能力，就能自行调节。

志是种内在驱使力，张栻又将其称为"敬"，视主一为持敬。他说：

> 盖主一之谓敬,敬是敬此者也。……故欲从事于敬,惟当常存主一之意,此难以言语尽,实下工夫涵泳勿舍,久久自觉深长而无穷也。(《答曾致虚》)

关于敬,张栻的论述颇多,然其要义有二。其一,敬是谨守本心。如其所说:"要将个敬来治心则不可。盖主一之谓敬,敬是敬此者也。若谓敬为一物,将一物治一物,非惟无益,而反有害。"(《答曾致虚》)这说明敬是收敛身心,而非外来强加于内心的,是内心里的功夫。其二,敬是警觉和觉醒。张栻说:"虽收敛此心,乃觉昏昏不活,而懈意渐生。夫敬则惺惺而乃觉昏,昏是非敬也。"这说明持敬乃是对封建道德原则和规范的恪守,要有高度的自觉性,或者说道德的行为要保持高度的警觉。

总之,"圣门事业要精求",内圣的品德要通过一系列的艰苦修养才能达到。在此之中,发挥主体精神是极为重要的。虽然张栻的作圣功夫离开了社会实践而带有神秘论的色彩,但对当时最高统治者不耻道德修养、放纵专肆的做法,是有批判和劝谏作用的,有其积极的意义。另外,他主张在道德修养中要立志,要求自我反省、内讼、自律、警觉等,要有高度的自觉性,这也有积极的意义。

二、王功之学

内圣是指一种完美的道德人格，外王则指一种政治人格，前者是内在的，后者则是一种外在的政治权力及依此而创建的事功。二者互为表里，圣德王功本为一体。儒家所一再称道的修身、齐家、治国、平天下，实质上表述的便是圣德王功之学，或者说内圣外王之学。在张栻看来，王功之学有如下两个方面的基本内容：

（一）王的权力

什么是王？传统政治观念中，均以王作为最高政治权力的体现。《吕氏春秋》说："王也者，势也。王也者，势无敌也。势有敌，则王者废矣。"王者和权力是联系在一起的，虽然在古代也有把不拥有权力的圣人称为素王，如孔子就是如此，但这一类不是真正的王，真正的王是以权力为基础的。《史记·秦始皇本纪》说："天下之事无大小，皆决于上。"这说明王拥有至高无上的权力。张栻虽也本此说，但他所强调的不是王者的权力，而是王者权力谁授予的问题，换言之，他所强调是王者权力最终来之于民的问题。

张栻认为，王虽在万民之上，拥有极大的权力，然而这种权力是来自于万民的。他说："夫王者天下之义王也，民以为王则谓之天王，天子民不以为王则独夫而已矣。"王者之所以不是独夫而称为王者，乃在于保民，即所谓"保民而王"。张栻说：

> 齐宣王问孟子以桓文之事，亦其心平日之所慕向者。孟子曰："无以则王乎？新其旧习，使之洒然知有王道之可贵也。"宣王骤闻斯言，意必有甚高难行之事，故曰："德何如则可以王矣？"孟子蔽之以一言曰："保民而王。"嗟乎！斯言也固足以尽王道矣。保云者，若保赤子之保也。（《孟子说·梁惠王上》）

王者即保民，要像对待赤子一样保护人民，反过来说，不保民者不谓其王。如果说权力是王的象征，那么保民则是此权力的前提和基础。王者之所以为王，便是有此保民之心，并把此看作自己必尽的一种义务和责任，相反地，不为王者便是对此无体验。"保民之道虽甚大，而其端则不远，患不能体察扩充之耳。"这种保民之道，张栻称之为"不忍之心"：

> 不忍之心已实有之，反而推之也。夫宣王坐堂上，牵牛过堂下而不忍之心于此，盖不出于计较作为而其端因物发见也，曰是心足以王矣。言不忍之心王所固有，是足以王者也。（《孟子说·梁惠王上》）

"不忍之心"源于孟子，孟子由此引出了仁政学说。张栻把保民之道在理论上概括为不忍之心，并说此为王者所固有，实际上是把保民作为一种必尽的义务和责任，作为王者所必备的一种政治和道德的基本素质。诚如孟子，张栻由不忍之心引出了王道的政治，引出了推恩原则和以民为本的主张。他说："故古之人所以大过人者无他焉，在于善推所为而已矣。如老吾老幼吾幼以及人之老幼是已。"这种推己及人的过程，张栻称为"由一本而推之者"的过程。毫无疑义，推己及人实是儒家所主张的推恩原则。不仅如此，张栻还由此引申出王道政治。他说："孟子之意非使之以其爱物者及人，盖使之因其爱物以循其不忍之实而反其所谓一本者。亲亲而仁民，仁民而爱物也，此所谓王道也。"王道与不忍之心相通，乃在于二者均以"亲亲而仁民"为基础。"此心之合于王道者何故？盖亲亲而仁民，仁民而爱物，此人理之大同由一本，而其施有序也。"把王道建立在人性论的基础上,这当然是不科学的。然而张栻不以权力论王,而以保民而王,特别指出为王者必须具有爱民的不忍之心,否则不可为王,这不仅说明内圣外王本为一体,不可分离,同时说明王与民也是一体的,不可分离。从王不能离民,特别是不能离开保民的意义上说,保民而王实际上说明王的权力来源于民。这显然与传统观念中单以王为最高政治权力的体现者是有差别的。

张栻从保民而王进一步提出了以民为邦本的思想。他说:"王者以得民为本,而得民之道实在于此故也。"保民在当时有特殊的意义。首先,保民即是保护人民不受金人的蹂躏和践踏,然而当时的最高统治者却对此熟视无睹,致使中原生灵涂炭。诚如前文所述,张栻屡为之上疏呼喊,并以此效命疆场。其次,保民有给民以利之意,"考孟子所陈不过欲民养生,送死无憾而已;老者衣帛食肉,黎民不饥不寒而已",还说"王道之始者,使民养生,送死无憾"。为了使民养生,张栻具体地提出贯彻此主张的大纲,概括起来有以下几点:第一,制民以居,其内容是"各以五亩教之树,畜以养其老,而五十者得以衣帛,七十者得以食肉"。第二,制民之田,其内容是"一夫授之百亩,不夺其时,而数口之家可以无饥,衣帛食肉,必曰五十七十者"。此外,张栻还提出了立之庠序以谨其教,对民实行教育和教化。虽然张栻这些主张带有理想性质,是他追求的一种政治蓝图,然而在此却始终反映了民为邦本的思想,保民者如此,王道政治亦如此。对此,我们还可从他对君民关系的论述中找到依据。张栻认为民不以君尊,并非民之过失,而是君残其下招致的苦果。他同时提出"出乎尔者反乎尔",也即是说民反君是君残民所致。张栻在解说《梁惠王》章详尽道明了此观点。他说:

> 凶年饥岁,斯民转徙流散,而君之粟积于仓,财积于库,有司莫以告而发之,是上骄慢以残其下而不恤也。夫在上者不以民为心,则民亦岂以在上者为心哉?善乎曾子之言也,出乎尔者反乎尔者也。盖其出所以有反也,天下未有无其反者,人特不察耳。是以君子敬其所出也。……盖有司视民之死而不之救,则民视有司之死而亦莫之救矣。此其所以为得反之者也。……君行仁政而以民为心,民之疾痛疴痒无不切于己,则民亦将以君为心而亲其上

死其长矣,此感应之理也。(《孟子说·梁惠王下》)

把君臣关系视为一种相互的关系,不是单方面的民对君绝对服从,这是张栻外王之说的一个突出特点。要民尊君,首先君要爱民,君民关系取决于君对民的态度;民反君,首先是由于君违背了民。如此论君民关系,不仅继承和发展了儒家民为邦本的思想,而且在封建专制集权高度发展的宋代,更具有特殊的意义。

综上所述,张栻始终把王与民联系在一起,王的显贵与否由对民态度的好坏决定,王的权力从"亲亲而仁民"的王道政治中体现,王的称号从民的拥戴中获得。总之,离开了民便没有王和王的地位。如果说外王是权力与事功的结合,那么权力始终是与民联系在一起的。保民而王,同样也可说残民而贼,归根结底,这表明的不是王者至高无上的权力,而是王者对万民之不可侵犯。理所当然的,由此引出的结论必然是王者的权力最终是属于民的。

(二)王的事功

事功是外王另一个重要的要素。所谓王功包括了权力和事功两要素,二者缺一不可,当然也就无外王可言。王的权力只有在事功的基础上才能建立和巩固。如果说保民而王,即从民众的拥戴中获得王的权力,那么事功也只有在经世即在治天下和使民富足安居的基础上才能建立。在中国古代,事功包括霸业,任何一个开创霸业夺取王权的政治家,不管他们把自己的动机说得多么高尚,如何以王道政治相标榜,事实上都要诉诸暴力,都要经历一场"竞智角力"的残酷斗争,否则不能夺取王权。但是,理学家们把霸业排除在事功之外,并对此屡加指责,认为"汉唐专以人欲行",诉其"心乃利欲之心,迹乃利欲之迹",反对霸业,主张王道,表现出理想主义的排斥霸业的王道政治的特点。

张栻的事功之说同样如此。张栻不把霸业作为事功。他说:"孟子复发端以问,谓王之欲在于辟土地,朝秦楚,莅中国而抚四夷,求遂其所欲而独区区于兴甲兵,危士臣,结怨于诸侯,非特无是理,且将召后灾。"(《孟子说·梁惠王上》)他认为以兵力为胜负所谋求的霸业,是"反其本"。何谓其本?他解释说:"其本安在,特在于发政施仁而已。"只要抓住发政施仁的根本,王者才可以平治天下，建立一系列王功事业。他曾就此而加以一番描述：

> 发政施仁则吾国之仕者无不得效其才，而天下之士皆愿立于吾朝。吾国之耕者各得其时，而天下之农皆愿耕于吾野。商贾之在吾国者无苛政之患，而天下之商贾皆愿藏于吾市。行旅之经吾国者无乏困之忧，而天下之行旅皆愿出于吾之涂。他国之困于虐政者，闻吾之风皆愿赴愬于我，而孰能御之。夫行王政者，其心非欲倾他，国以自利也，惟其以生民之困苦为己任，行吾之所当为，而天下归心焉耳。（《孟子说·梁惠王上》）

按照张栻的说法，事功是建立在王政基础上的，犹之乎内圣外王为一体，事功与王政也相互依存。二者是否依存，关键在于对待天理和人欲的态度。本人欲而私则行霸道，若以天理为怀则行王道。"欲者固危殆之道也"，出于人欲的目的不仅不能建立事功，而且将危及于"道"乱于天下。相反地，若是"以发政施仁为事，则是为公理之所存"，则可安天下，得人心，其事功可立。且不说发政施仁之说近于空想而具有理想性质，因为从来的政治和事功总是以谋求某种利益为出发点，总是与某种霸业相伴的，但张栻提出"以生民之困苦为己任"，主张与民以利，求国家安定，人民得以安居，并以此作为建立事功的目标，在当时宋代内忧外患的背景下是有其积极意义的。

经世，历来是事功的重要项目，经即治和理，经世乃是经理世事，平治天下，其内容广涉政治、赋役、钱粮、边防、教育等。这些都是王功即外王之学的基本内容。张栻论事功条项大体亦如此。他到任静州时，在答曾节夫的信中说道：

> 某二十四日到郡，适当纪纲解弛之余，未免一一整顿，今条目粗定，当以身先之。财计空虚，亦颇得端倪。数月之后，民力可宽。边防尤所寒心。方别为规模，以壮中权之势，约束边郡务，先自治以服远人。盗贼纷然，初无赏格，亦已明立示信，当有为效力者，自昧爽及日夕，未尝少暇。虽差觉倦，然不敢不勉。有斋名缓带，日所燕处，恶其名弛惰，《易》曰

无倦。……但自诸司而下，不免爱之以德，不敢以姑息。（《与曾节夫抚干书》）

在事功条项中，张栻把制民之产放在首位。他认为利欲起于饥寒，民犯罪在于为君使民无养，因此提出农桑之事为王道之本。张栻说："王者之政大要，使民有恒心而已。"然而要有此恒心，必有与之相应的恒产作为保证，无恒产则无恒心，民之衣食不保，不可能民有恒心，礼义兴行。"一有饥寒之迫则利欲动而恒心亡矣。恒心既亡则将何所不至，无足怪也。以至陷于罪戾则又从而刑之，是岂民之罪哉？"（《孟子说·梁惠王上》）因此，王者之事功不在如何设法刑之于民，而在使民有养，"仁人其忍为此乎，故必制民以产，使有以仰事，有以俯育，乐岁固饱矣，而凶年亦无死亡之忧"。张栻所关心的事功是劝农桑，"王欲行仁人之所为，则当反其本而已。本者何也？下所陈农桑之事是也"，并说此乃"是书（即《孟子》）纲领首篇之义"。

张栻多次提出恒产的问题，但如何使民有恒产，张栻同其他理学家一样并没有找到真正的出路。宋代社会土地高度集中在少数的官僚及地主手中，使民有恒产就意味着与当时的土地所有者争夺土地，这在当时是不可能的，不仅宋王朝本身没有此种力量，而且土地私有制发展的进程已是历史定势，无法扭转，因此，使大批无地的农民得到恒产根本不可能。正因如此，当时企图解决土地问题的理学家几乎都回到了古代井田制的空想中。张栻同样如此。他说："王政自文王始，治岐之法即经理天下之法也。耕者九一八家各耕百亩而同养公田，助而不税也。仕者世禄赋之采地也。关市讥而不征，察非常禁奇衺而已，不征其物也。泽梁无禁与人共之也……凡此皆王政之纲目也。"（《孟子说·梁惠王下》）张栻在此虽然指出了宋代社会严重的土地问题，同时表明了解决此问题的强烈愿望，然而他所提出的方案仍然是无法实现的古代井田制。他对井田曾这样描述：

至哉井田之为法也，圣人既竭心思焉。继之以不忍人之政，而仁覆天下者其有大于井田矣乎。井田之法，以经土地为本，经云者，经理之使其分界明辨也。经界正则井地可均，井地均则谷禄可平。自公卿以至于士各有常禄，自匹夫匹妇各有常产，而鳏寡孤独亦各有所养。……盖井田王政之本，而经界又井田之本也。（《孟子说·滕文公上》）

接着张栻还提出推行井田的一系列主张。虽然他不可能解决封建社会的根本问题即土地问题，但他确实看到了宋代社会土地兼并的严重情形，看到了大批农民失去了土地以及由此引起的一系列社会纷争和动荡。他虽没有办法抑制土地的兼并，但他提出王者必须"护养为邦本"，"省刑罚，薄税敛，深耕易耨，使之安于田里"，这在一定程度上是起了积极作用的。他自己便将此作为勤劳王室的事功而身体力行之。如他在经略广西时，为了减少百姓不堪忍受的盐息负担，便下令严禁漕司擅自向百姓摊派盐息，并且立出法规，违者议罪，如敢用盐息宴饮和馈饷者，则以坐赃论处。为了惩治贪官污吏，张栻在荆任湖北转运副使时，一日内革除贪官者达十四人之多，可谓勤劳王事之甚。

在政治上，张栻认为王者事功莫过于整肃吏治。他在向皇帝的上疏中几乎每次都要提及。作为王者之职，一是保民，二是用人。"夫人主之职莫大于保民，而保民之道莫先于用人，故曰此然后可以为民父母。"（《孟子说·梁惠王下》）把用人作为保民之道，这是张栻革除弊政、扶正朝纲的首要之点。他认为人才难得，治功难成，均因用人不当。"在下者假名而要利，在上者徇名而忘实"，以致"人才始坏矣"，因而"人才何怪其难得，而治功何怪其难成乎，可胜叹哉！"（《孟子说·告子上》）那么如何用人取士呢？张栻主张用人必须考辨。在考辨之中必须以国人之公论为依据，"左右之言勿听，诸大人之言勿听，必考于国人之公论。……谓大夫虽以为贤，又必合以国人之公论，然后可耳。……然则其用是人也，亦非吾用之，国人用之也"（《孟子说·梁惠王下》）。如若用人不考辨，必致"在上者以爵禄而骄士，在下者慕爵禄而求君，故上日以亢，而下日以委靡"，朝纲不振之由即在此。至于如何考辨取士，张栻则提出了以下用人的标准：

首先，提出以忠信取人。何谓忠信？"忠信者只是诚实此二者也"，这就是说取士必以诚实为本。对于诚实，张栻解释为"乐善不倦"。"既曰仁义忠信，而又曰乐善不倦。乐善不倦好懿德之常性也，惟乐善不倦则于仁义忠信斯源源而进矣。"（《孟子说·告子上》）所谓乐善，张栻以为就是"天爵"，"天爵谓天之所贵也，仁义"，奉行天爵，"于下无一毫求于其君之心，而人君求贤于上，每怀不及之意，上下皆循乎天理，是以人才众多而天下治"。反之，若以人爵为主，不仅做不到乐善而为之，而是"萌要利之心，则其所为终亦必亡势则然也"。所以张栻感叹说："今之人修其天爵以要人爵，夫有一毫要人爵之心则有害于天爵其修也。"总之，张栻提出的乐善不倦或天爵，就是为官者不能以谋利计功为念，必须以天理为出发点，只有这样，才能平治天下，为万民而建事功。

其次，提出名节的问题。名节问题常为理学家所重视，当时宋王朝在金国强兵压境下，从最高统治者到朝廷重臣，忍受屈辱，名节沦亡，致使忠奸混淆，是非莫辨，而世衰道微莫过如此。张栻对此极为重视，他说："名节之称，虽起于衰世，而于衰世之中，实亦有赖乎此。使并与是焉而俱亡，则亦无以为国矣。"名节不兴，考其所自，张栻认为首先是"亦由上之人有以致之"；从汉高祖说到王莽，"盖其习俗胥靡之陋，一至如此"，他认为首先是最高统治者负主要责任。其次是儒者以利禄为事，"自叔孙通师弟子，固皆以利禄为事，至于公孙丞相取印封侯，学士皆歆慕之"。这说的虽是历史上的情形，但张栻其学则在匡世，实际上也是说的当世之务。所谓名节，张栻解释为"守义不变"。名节是不能自我标榜的，而在于其义不可夺，其节不可侮，"至于世衰道微，于陵迟委靡之中，而有能拔然自立者，则世以名节归之"。由此可见，张栻论名节，实在期待挽狂澜于不倒，刷振朝纲，奋起精神。

除上述外，张栻还把教育、教化等列入事功之目，凡此种种，都是王者所必须建立的事功，并期望王者急待为之。诚如他向孝宗奏疏所说："今日但当下哀痛之诏，明复仇之义，显绝金人，不与通使。然后修德立政，用贤养民，选将帅，练甲兵，以内修外攘，进退战守之事通而为一，且必治其实而不为虚文，则必胜之形隐然可见，虽有浅陋畏怯之人，亦且奋跃而争先矣。"

张栻王者事功之说带有某种理想的性质，正如他主张的内圣的道德人格，宋代皇帝不可能具备一样。这种王者的事功的政治人格，宋代皇帝亦无所求，这只是书生论道而已。虽然如此，但张栻毕竟提出了平治天下的重要问题，其中有的不失之于见地，有人叹服"南朝真有如此能人"，其说并不为过，况且他论述的圣德王功之学本身，在一定程度上总结了封建政治的统治经验，具有理论上的意义。

第六章 张栻的道德学说及道德规范系统

张栻是宋儒中最典型的以伦理为本位的思想家之一,由人道而及天道,把人伦道德关系作为研究的出发点,把哲学作为人伦关系的论证工具,这是张栻理学思想的突出特点,也是湖湘学派理学思想特色的重要标志。

一、以性为本体的道德说

把性作为伦理学的基础，前人多曾论及。孔子的伦理观建立在仁学的基础上，孟子则以人性善为基础，荀子反对孟子的性善，而他的性恶仍然是其伦理学理论的根本出发点。在他们的思想中有一个共同点：都把性作为伦理学的理论基础，都用性专指人性，而禽兽和其他物类则被排除在性之外。后来随着伦理学的发展，对人性的讨论高潮迭起，但不管是汉儒还是宋儒的人性学说，始终都把性严格限制在人的本性范围之内。这就是中国传统的颇为一致的人性论的基本观点。张栻的性论虽被其当作伦理学的基本命题，但与上述的性论有着根本的不同，不同点主要在于他提出了性外无物即性为世界本原说。

如本书第二章所述，最早把性提到了宇宙本体高度的是张栻的老师、湖湘学派的创始人胡宏。胡宏认为性不只是指人性，世界万物也包括在性之内，世界万物乃性所派生，"万物皆性所有也"，离开了性就没有物。张栻同老师胡宏的观点完全一致，同样以性为宇宙本体，把性、理、太极视为一体，认为它们在本质上是一致的。太极，性也。不仅如此，性也是理。总之，张栻认为性具有宇宙本体的意义。正因如此，张栻称性为本然之性、性之大本，或说"理之本然气"。很显然，这是一种区别于传统的性论而殊异于他说的性本体说。

那么张栻为什么要把性提到宇宙本体的高度而赋予它普遍的、绝对的意义呢？笔者以为，他主要是想通过性本体说来回答善是否具有普遍意义的问题。

人性善，这是几千年人性讨论中占统治地位的基本观点，然而此善是否具有普遍意义，世界上是否存在这种普遍的人伦道德精神？以往的思想家包括程朱学派的理学家都没说清楚，相反，他们的性把禽兽和其他物类排除在外，这恰恰证明性不具有普遍意义，由此，缘于性的人伦道德是否具有绝对性的意义也就成了问题。张栻提出的性外无物，把性扩大成一种无所不在的东西，因而也就说明宇宙中存在着一种无所不在的普遍的人伦道德精神，性的绝对化也就是善的绝对化。张栻认为，这二者就是一回事。他指出善是普遍存在的，不仅人性善，物性也是善的，他不同意孟子把善独归之于人，也不同意董仲舒的性三品说。不仅如此，张栻进一步指出荀子的性恶和扬雄的善恶混以及告子的性不善不恶论都违背了善绝对性的原理。对此，本书第四章有详细论述，兹不赘论。

张栻与上述传统性论的分歧归结起来主要有两点：其一，张栻认为性之善包括人类和世界万物在内，具有普遍的、绝对的意义，反对把世界万事万物排除在性善之外；其二，张栻认为性者即善也，离善不能言性，二者相即不相离，反对以善恶和善恶混论性。这些分歧不仅反映了人性问题理论上的歧见，更反映了在道德起源与本质以及封建纲常道德神圣化等一系列问题上的分歧。上述传统性论虽都以人性论作为说明人伦道德关系的理论基础，然而他们却有一个共同点，都在不同方面否认了善的普遍性和绝对性，或者说都没有把性提到宇宙本体的高度，没有把性视为宇宙的唯一自在本体。因此，它们不仅达不到为缘起于性的封建道德的必然性和合理性做论证的目的，而且从否定性善的普遍意义进一步导致否认以此为基础的封建道德绝对的权威原理。由此，还因为传统性论都不以性善为人和宇宙万物所共具，因而人与人之间、人与万物之间、社会与自然之间失去了统一的基础；天道与人道是两回事，那么"封建人伦道德是天人合一的产物"便成为一句空话，封建道德也就失去了它神圣性的意义。张栻以传统性论为非，坚持以性为本体说，就是要补前人所不及，换言之，就是企图在理论上彻底解决封建道德的神圣性和永恒性的问题，这种理论上的论证是从下面两个方面展开的：

首先，张栻强调"善固性也"，把恶排除在性之外，以善言性，二者相即不离，封建道德与人的本性本来就是一致的，人性中原来就包含仁、义、礼、智等纲常道德。他说：

> 人之性仁、义、礼、智四德具焉。其爱其理则仁也，宜之礼则义也，让之理则礼也，知之理则智也。是四者，虽未形见，而其理固根于此，则体实具于此矣。性之中只有是四者，万善皆管乎是焉。(《仁说》)

封建道德具于性中，而善"管乎是焉"即统摄纲常伦理，无疑性与善就是一回事。既然纲常道德原就存于性中，那么封建人伦道德秩序种种规定以及约束人们行为的种种规范，并非是外在强制的，而是出于人的一种本性的自觉要求，是一种内在的道德自律。由此推之，对封建道德的背叛也就是对人的本性的背叛，极而言之，也是对人和人格的背叛。由此可以看出，对人性善的肯定也就是对封建道德的肯定，对性善的绝对化也就是对封建道德的绝对化，二者始终被看成是一回事。在理论上而言，这为人伦、道德缘起于性提供了比前人更为系统的理论基础。

其次，因为性善为人和物所共具，性是宇宙的唯一自在本体，因此，性与天道相通，性与人道相合一，性包括了天道和人道。由此说明，封建道德既是天道，也是人道，两者之间犹之乎人的本性与封建道德一致一样，其间的本质也是相同的。张栻说：

> 天地位而人生乎其中，其所以为人之道者，以其有父子之亲，长幼之序，夫妇之别，而又有君臣之义，朋友之交也。是五者，天下所命，而非人之所能为。有是性则具是道，初不圣愚而损益也。圣人能尽其性，故为人伦之至，众人则有所蔽夺而沦失之耳。(《闻范》)

五伦虽为人道，然而此乃天之所命，当然也是天道，天道和人道本是一致的。"有是性则具是道"，天道与人道都统一于性中，抑或说性是天道与人道的结合部。缘起于性的人伦道德不仅符合人的本性要求，也符合天命。如果说违反封建道德就是背叛了人的本性，那么违反封建道德也就违背了天命。殊途同归，前者与后者都论证了封建道德的合理性和神圣性。

不仅如此，张栻还从性本体论引申出伦理道德学说的另一个重要结论，即维护封建宗法等级秩序的纲常道德不仅是合理的，而且是必要的。正如善的思辨得出了人的本性与封建道德原则相一致的结论一样，他通过性与理的本质联系，证明维护封建纲常道德与维护封建尊卑等级统治秩序是一致的。张栻说："凡是性者，理无不具是，万物不离也。"又说："有是性则具是理，其轻重亲疏小大远近之宜，固森然于秉彝之中而不可乱。"他认为性与理的联系即是性与礼的联系。"礼者，理也。""所谓礼者，天之理也，以其有序不可遏，故谓之礼。"序为秩序，张栻所指的序是说"轻重亲疏小大远近之宜"，或说"森然于秉彝之中而不可乱"，可见此序是一种宗法等级秩序，所谓"不可过"即是不能违背这种等级秩序，这是人生来就固定的，不可改变的。由此说明性与理的必然联系乃是性与宗法等级秩序的必然联系，因此维护封建纲常道德与维护封建宗法等级秩序在本质上是一致的。虽然张栻的论证在理论上绕了一个大弯子，但最后的结论仍然是封建纲常道德具有必然性和绝对性的意义。

理一分殊本来是理学家的一个重要哲学命题，以说明世界一理与万理、一与万殊的关系，但张栻却把它改进成一个道德命题，用以说明道德是一本与差等的结合，说明封建宗法等级秩序与道德上的要求是根本一致的。他说："盖爱敬之心由一本而施有差等，此仁义之道所以未尝相离也。……此吾儒所谓理一而分殊也，若墨氏爱无差等，即是二本。"在张栻看来，无所不在的普遍的人伦道德精神与道德上的差等是一致的，普遍的道德精神是万殊的道德要素所构成的。他说："理一而分殊者，圣人之道也。盖究其所本则固原于一，而循其所推则不得不殊。明于此，则知仁义之未尝不相须矣。"这就是说，推究其根本则为一理，循其流行则有万般之殊，理一与分殊的关系便是仁与义的关系，因此，理一分殊所表现的是道德的宗法本质的特征。不言而喻，封建纲常道德是宗法等级特权的产物，对封建宗法等级特权的任何怀疑都是对封建纲常道德神圣性的怀疑，也是对人类赖以存在的人道的怀疑。正因为如此，张栻把维护此宗法本质的道德称为圣人之道，称为完备的人道。

综上所述，张栻一方面将性的质规定为善，论定世界存在着普遍的人伦道德精神，并证明了在此基础上发生的封建道德规范体系具有必然性、绝对性的意义；另一方面，他以理一分殊的理论，进而把普遍统一的人伦道德精神进行了分解，从而引申出一本与差等相结合的封建纲常道德结构。不管是前者还是后者，都把封建道德规范体系理论化和绝对化了。

还必须指出的是，张栻的性本体说，构成了湖湘学派颇为典型的以人伦为本位的哲学形态。首先，因为性或善是宇宙的本体，因此，它们具有哲学和伦理的双重意义，性（善）说既是其宇宙本体论，也是其道德起源论，二者始终结合在一起，这种理论与哲学的结合，一方面把世界人化了，道德化了，即哲学被伦理化了，被赋予了伦理的本质属性；另一方面，伦理也哲学化了，具体的封建纲常道德也被普遍化和绝对化了，成为支配世界的一种精神实体，即普遍的人伦道德精神。其次，由于哲学与伦理的结合，使张栻的性说在天人合一问题上具有特别鲜明的思辨性特点。以人性或人的道德属性论述人与天的关系，从而形成天人合一论，这是中国思想史的老问题，也是一种被固定了的思维方式。然而前人的天人合一论都是不彻底的，在理论上都还有不能自圆其说的地方。孟子虽然提出"尽其心者，知其性也。知其性，则知天矣"，但孟子不承认性的绝对性和普遍性意义，把禽兽等排除在此之外，所以性不能真正成为天和人、自然和社会的统一基础，因而是不彻底的。董仲舒虽把性提到了天命的高度，然而他却把性划为三个等级，并且认为这其间的关系是不可逾越的，否认善是宇宙万物的共同本质，这不但使人际关系失去其协调和谐的基础，更不存在天人结合的基础。朱熹等理学家尽管把天说成天理，天和人的关系已不是一种简单的、直觉的感应关系，但因为他们否认性的普遍意义，因此天人结合也是不完全的。以往的思想家最后都不同程度地陷入了神秘主义，求助于神学和神的帮助。但张栻则不同，他提出"性无乎不在也"，性是世界的本原，性外无物，世界万事万物都由性所派生，因此人与人之间、人与万物之间、人与天地之间都具有善的共同本质，在性的基础上把世界统一起来了，从而在思想理论上彻底解决了天人合一的问题。性真正架起了天与人合一的桥梁，提供了天人合一所赖以统一的基础。一言以蔽之，张栻的性论为道德的起源以及封建纲常的神圣化提供了强有力的理论根据。

如同他的先辈一样，虽然张栻的以性为本体的道德论并不能科学地说明道德的起源与本质问题，歪曲了人伦道德关系与社会经济结构的深刻联系，然而张栻的性论却有湖湘学的鲜明特点和积极意义。

由于胡宏和张栻都坚持"原人之生，天命之性纯粹至善而无恶之可萌者也"，这实际上承认了人的本性是先天平等的，善是人的共同本质，因而在人之间既不存在无须教化的"圣人之性"，也不存在不可教化的"斗筲之性"，更不存在在此二者之间的"中民之性"。与此直接相联系，在道德修养和道德教育问题上亦根本不存在封建的例外权。由此可见，张栻的性论乃是对董仲舒提出并为韩愈等所强调的性三品先天等级结构说的否定，这无疑在理论上有其积极意义。又因为张栻把性绝对化，把禽兽和其他物质也包括在性之中，所以性不仅具有道德的本质属性，也具有自然属性。由此以性为出发点，说明人不仅有道德精神的满足与需要，也有物质和欲望的满足和需要。这就在天理与人欲的问题上与传统的性论产生了深刻的分歧。从孟子到朱熹都把"尽其性"与"灭人欲"联系在一起，似乎有此无彼，二者是绝对不相容的；张栻则不同，他说的性中本身就包含了欲的要求。他说："食色固于性，然莫不则矣。"他不主张消灭人欲，而是要对人欲加以控制，最主要的是勿使情乱，"情乱则失其性之正，是以为不善也"。他在《潭州重修岳麓书院记》中进一步明确提出"天理人欲同行异情"，二者结伴而行谓之同行，并不像朱熹所说的不并立。异情不是不要情，不是要灭情，而是对性加以区别，合理的要肯定和保存，不合理的要加以剔除，总之不要情乱。张栻的这种情性观点，显然也与佛学的灭情见性相对立，他肯定在人的欲望中有某种合理要求，在一定程度上具有反对禁欲主义的思想倾向。

总之，张栻以性为本体的道德论，一方面总结和改造了前人性论的思想成果，从更高的理论层次上回答了道德起源与本质等一系列伦理学的重大问题；另一方面，他与程朱学派有明显的区别，他的性说不像程朱学派那样由天道而及人道，先建立起形而上学的宇宙论哲学体系，再以此说明道德哲学，而是以性本论为基础，始终以人道为出发点，由人道而及天道，从而构成了以伦理为本位的湖湘学派理学思想的特色。

二、义务本位的道德规范系统

义务本位的道德规范系统，是中国古代思想史中一个突出的特色。张栻的义务本位的道德规范系统，在宋明理学中颇有代表性。义务本位的道德规范系统源于社会本位的价值系统。在中国传统文化中，从来都是以社会群体作为价值主体，社会群体被看作是产生一切价值的最终实体和量度一切价值的最终标准，因而形成了一种社会本位的价值系统。社会群体的价值高于一切，具有形而上的绝对意义，一切价值均由此派生。与西方价值观念相反，在古代中国，一切个体没有独立的、自立的价值，换言之，一切个体只有被纳入社会群体之中并实现群体的利益和需要时，才能获得自身的价值。因而在古代中国的政治伦理观念中形成了一种牢固的传统，即个人必须服从整体，个人必须服从国家民族利益，权利必须服从义务。黑格尔在《哲学史讲演录》中曾经指出，东方哲学的特点在于只承认那唯一自在的本体是真实的，个体若与这一本体相对立，则本身既不能有任何价值，也无法获得任何价值。那么，在古代中国，唯一自在的本体是什么呢？作为一种价值观念的理论形态则是天、道、太极、性等范畴。哲学家们认为这些都是宇宙间具有本体意义的东西，它们能产生一切，但它们本身不会产生，因而是最终实体，又是最终标准，它产生一切价值，一切个人都必须由此获得自身的价值，它是衡量一切价值的标准，它所肯定的价值具有绝对性的意义。这种社会本位的价值系统，虽然渊源于先秦诸子，但后来的思想家几乎都是一脉相承，尤其是宋明理学家更是将其发展和系统化了。张栻的义务本位的道德规范系统也正是从社会本位价值系统引申和展开的。

张栻认为世界有一个唯一的自在本体，存在着一个肯定人间秩序和价值的超越源头，这种超越本体被看作是价值的源泉和价值的标准。对这个形而上的超越本体，张栻有多种提法，有时称为太极，有时称为性、天理、心等。提法虽异，但实际上都是具有形而上的本体意义，即是以太极、性、理、心为基本范畴构建的具有层次性的本体论逻辑体系。不管是太极、性或是理、心，都有一个共同点，即是产生价值的自在本体，任何个体都不可违抗它。如太极就是如此。张栻说："某尝考先生（指周敦颐）之学，渊源精粹，实自得于心。而其妙乃在太极一图，穷二气之所根，极万化之所行，而明主静之为本，以见圣人之所以立人极，而君子之所当修为者。"这说明太极是天道和人道的本原，虽然它是以哲学上的自在本体理论形式出现的，直接表示的价值实体并不是社会群体，然而正如黑格尔所说，这个自在本体才是真实存在，是一切价值的源泉，它始终代表着社会群体的秩序和价值，个体只有维护此种秩序，即服从太极、性、理、心等需要。对此，张栻曾解释说："有太极则有两仪，故立天之道曰阴与阳，立地之道曰柔与刚，立人之道曰仁与义。仁义者性之所有而万善之宗也。人之为仁义乃其性之本然。……若违乎仁义则为失其性矣。"由此可以看出，太极只是超越本体的外在理论形态，而其真实的本质和内容则是仁义，仁义所体现的乃是社会群体的秩序和价值，换言之，即是封建统治的等级秩序。张栻提出的性、理、心，同样也被看作是自在本体，如他说性是天之所命，又说"所谓天者，理也"，还说"天也，性也，心也，所取则异，而体则同"，这都旨在说明性、理、心都是世界唯一的真实存在，是价值的源泉和最终标准，它所体现的真实本质同样是人间的秩序和价值。他说："所谓礼者，天之理也，以其有序而不可遏，故谓之礼。"心同样如此，它所肯定的也是人间的秩序和价值，即所谓"心也者，贯万事统万理而为万物之主宰者也"。总之，真正的价值源泉在于上述自在本体所体现的社会群体的秩序和价值。

与西方的价值观念颇异的是，西方思想家的天赋人权论把人的权力归结于天所赋予，是神圣不可侵犯的，强调的是恢复人的个体存在和价值，而其引申的自然权力论则阐明的是个体价值的真实存在和高于一切。相反地，张栻则把个体紧紧依附于社会群体，虽也把个体提到天道、天理、性、心的高度，然而得出的结论却不是肯定神圣至上的个体的自然权力，恰恰相反，个体正由此失去了它独立的价值，成为其附庸和派生个体。离开天道、天理，则无个体的存在和价值。因此，作为个体只有服从通过天道、天理等理论形式所肯定的人间秩序和价值，首要的要求则是对此尽义务，而不是要求权力，这样就形成了极为牢固的社会价值系统。

张栻正是由社会本位的价值系统引申出了义务本位的道德规范系统。此规范系统最基本的特征诚如前述，个体必须服从群体的利益和价值，个体只有纳入群体并体现群体利益需要时，才能取得自身的价值，才能有自己存在的地位。反映在权利与义务问题上，权利是服从于义务的，尽义务是个体价值实现的基础和出发点。张栻虽然也同其他理学家一样，提出并阐述了封建三纲五常的道德规范系统，但张栻所重视的并不在此规范系统本身，而在对此规范系统的义务基础和实现的价值目标的说明和阐述。其中他所提出的仁、公、义的道德规范，便能说明此义务本位的特征。

关于仁，这是中国古代社会的基本道德规范之一，儒家以此作为指导人生和确定行为的准则，并以此作为实现个体价值的依据。张栻对仁的解释同样如此。他把仁提高到唯一的自在本体，谓之"天下之正理"，无论何人都必须遵循。他说：

> 仁右道左之说，伊川所以有取者，亦尝思之仁字对道字而言，乃是周流运用处。右为阳而用之所行也；左为阴而体之所存也。仁者，天下之正理，此言仁乃天下之正理也。天下之正理而体之于人，所谓仁也。若一毫之偏，则失其理，则为不仁矣。（《答吴晦叔》）

把仁视为天下之正理，这就说明仁具有绝对的意义，所以张栻称之为道。毫无疑义，仁所规定的内容和要求则是不能违反的。换言之，个体只有从仁出发，才能获取自身的价值。

那么，仁所体现的真实本质内容是什么？对此张栻论述颇多，然其主要者则有如下几个方面：

第一，仁所肯定的是一种以亲亲为原则的尊卑等级秩序。他说：

> 仁者，人也，亲亲为大。义者，宜也，尊贤为大。先后自有定秩，九经之序，则先尊贤而后亲亲，二者何如通？即人心而论，则亲亲为先；就治体而言，则尊贤是急。尧典克明俊德，以亲九族，亦是意。（《答周允升》）

"亲亲"所表示的是一种血缘氏族的宗法关系，既以亲亲为大，那么作为个体的人首要的是要亲亲，要维护血缘氏族的利益，服从血缘氏族群体的要求和需要。因此，作为个体与血缘群体的关系，其所强调的是个体对群体尽义务，个体对群体的权利要求则被扼杀。

第二，正是个体与血缘群体的关系是种义务的关系，所以仁的规范要求个体必须自我牺牲。张栻接着说：

> 仁者天地之心，天地之心而存乎人，所谓仁也。人惟蔽于有己而不能以推失其所以为人之道，故学必贵于求仁也。……为仁而难，莫难于克己也。学者要当立志尚友讲论问辩于其所谓难者，勉而勿舍，及其久也，私欲浸消，天理益明，则其所造将有不可胜穷者。（《洙泗言仁序》）

为仁必须克己，克己乃指剪除私欲。由此可见，仁是把义务放在绝对地位，同样，个体的利益和权利是不占位置的。

第三，所谓为仁，遵守仁的道德规范，实际上就是去私立公。张栻把仁解释为公，他说：

> 夫仁道难名，惟公近之。人惟有己则有私，故物我坐隔，而昧夫本然之理，己欲立而立人，己欲达而达人，于己而譬，所以化私欲而存公理也。然便以此为仁则未可，此仁之方也，于其方而用力则可以至于仁焉。先言仁者而后以仁之方结之，圣人之示人至矣。（《论语解·雍也篇》）

虽然张栻只是说仁近于公，但他认为仁之方乃是化私欲而存公理，并要求对此用力而至于仁，这就说明仁所强调的是社会群体的利益，亦即是公。在此，不仅没有肯定个体独立的价值，相反地，却把个体的价值看成是与此相对立和相互排斥的。张栻说："夫民所以不肯为仁，若是其甚者，其故何哉？私欲蔽之也，能克其私，则其于仁也孰御。"（《论语解·卫灵公篇》）如果说私欲是指不正当物质要求，是对集体、对他人的侵犯，那么去其私欲而为仁，即对他人和社会尽自己的道德责任，这是不排除个体独立价值的，恰恰是对此价值的肯定。然而张栻等理学家所指的私欲则不如此，往往将其绝对化了，个体的利益被排除，因此，他们所指的化私欲，实际上是以牺牲个体的利益为前提。在此起主导作用的则是道德义务和责任。

总之，上述仁的任何一方面内容，都说明了道德规范义务本位的本质。其他的道德规范基本上也是如此。如对忠和信道德规范的要求也是反诸于己，其出发点仍是以义务为本位的。张栻说：

> 圣人之教人不越乎是四者，学文则知广，敦行则身修，忠信则德进。学者勉于是则内外交益，日有所进而月有所将也。忠信本一事而谓之四教者，忠则实诸己，信则笃诸人，在学者之成，身当以为两事而并勉也。（《论语解·述而篇》）

关于义的规范，张栻论述更详。"学者潜心孔孟，必得其门而入，愚以为莫先于义利之辨。"张栻视义利为天理人欲，"凡有所为而然者，皆人欲之私，而非天理之所存，此义利之分也"。他主张存义必须去利，在此所说的人欲之私，是指个体的利益，而其所指义，则是指社会群体利益以及代表此利益的封建纲常道德。因此去利存义，反映在个体与群体的关系上，即个体必须对群体绝对地尽义务，而个体的独立价值只有在为群体做奉献时才能取得。由此可见，群体的利益才是个体价值的源泉，是否符合该利益也就是判断个体价值的最终标准。

综观张栻的道德规范系统都是准此义而发的。一言以蔽之，个体必须服从群体，义务是高于一切的，而权利则是服从于义务的。离开义务的对个人独立价值的追求，不仅是不准许的，而且被视为不道德的。

当然，所谓社会群体的利益也并不是抽象的，而有其特定的本质属性，张栻所说的仁、公、天理等，实际代表者往往就是最高统治者。因此，遵守上述道德规范，实际上也就是忠于皇帝及其统治秩序，尽义务也就是维护统治者的利益，并为此做出个人的最大奉献和牺牲。就此实质而言，张栻的义务本位系统所反映的乃是中国封建社会一种无自主的臣民意识。因此，这种臣民意识被后来资产阶级所否定是历史的必然。但我们也应看到，在道德关系中，把义务作为处理人与人、人与社会关系的一条重要准则，是有其合理意义的。普列汉诺夫说，道德意味着自我牺牲，如果人们之间没有双方承担的义务，那么不可能有人类赖以生存的社会共同体的存在，也没有社会群体的利益。因此，强调义务作为处理人际、社会关系的准则，在中国历史上是起过一定积极作用的，经过历史的筛选和沉淀，形成了先公后私、先国家民族后家庭个人的优良传统，这在今天仍有其现实意义。

第七章 岳麓书院的创建与张栻的教育思想

《潭州重修岳麓书院记》，是张栻学记中最具代表性的一篇。潭州岳麓书院与张栻存在着一种特殊的关系，他在岳麓书院主教达八年之久，直至他去世。岳麓书院在他主教期间，发展成为《宋元学案》所称的"湖湘学最盛"的代表，张栻同胡宏一样，是"卒开湖湘系统"的重要学者。由于张栻对湖湘文化有创始之功，所以他是湖湘文化的奠基人。岳麓书院在人才培养和学术上成为宋代书院的佼佼者。宋代著名的四大书院，尽管史家说法不一，但岳麓书院名列其中，从无异议。

一、岳麓书院的创建

根据史料记载，岳麓书院创建于北宋开宝九年（976），至今已有一千多年的历史，是举世罕见的高等学府。

在千年岁月中，岳麓书院经历了多次修复，张栻所作《潭州重修岳麓书院记》乃是其中最重要的修复记载。宋代岳麓书院重修存在着两种版本的记述：一是张栻契友朱熹所写的《南轩文集》版；一是魏齐贤、叶棻所辑《五百家播芳大全文粹》版。两相对照，其大意相同而文字有别。不同的版本，既说明宋代《潭州重修岳麓书院记》经历了多次的修改，也说明学记之重要性。现将《南轩文集》版的叙述部分移录如下：

> 潭州岳麓书院，开宝九年知州事朱洞之所作也。后四十有五年，李允则来，为请于朝，因得赠书藏焉。是时，山长周式以行义著，祥符八年召见便殿，拜国子主簿，使归教授，始诏因旧名赐额，仍增给中秘书，于是书院之称闻天下。
>
> 绍兴初，更兵革灰烬，十一仅存，已而遂废。乾道元年，建安侯刘侯珙安抚湖南，既别蠹夷奸，民俗安靖，则葺学校，访儒雅，思有以振起之，湘人士合辞以书院请，侯竦然曰："是固章圣皇帝所以加惠一方，劝厉长养以风天下者，而可废乎？"乃属州学教授金华邵颖经纪其事，未半岁而成，大抵悉还旧规。

某从多士往观焉,爱其山川之胜,堂序之严,徘徊不忍去,喟而与之言曰:"侯之为是举也,岂将使子群居族谭,但为决科利禄计乎?抑岂使子习为言语文词之工而已乎?盖欲成就人才,以传斯道而济斯民也。"惟民之生,厥有常性,而不能以自达,故有赖于圣贤者出而开之。是以二帝三王之政,莫不以教学为先务。

《潭州重修岳麓书院记》,又名《重修记》,不只记录了书院学舍的修复与扩建,更是一篇熔铸张栻教育思想的经典文献,记叙了其办学宗旨、人才培养目标、学风建设以及书院发展演变的历史过程。此文至今还留存于岳麓书院讲堂之上,供书院游人阅读。

二、岳麓书院发展的历史

根据《潭州重修岳麓书院记》的记载，岳麓书院创建于北宋开宝九年（976），为潭州太守朱洞所建，但岳麓书院的历史可追溯到唐末五代时期。南宋淳祐年间，岳麓书院副山长欧阳守道在其《巽斋文集》记述道："往年余长岳麓，山中碑十余，寻其差古者，其一李北海开元中为僧寺撰，其一记国初初建书院忘撰者名。碑言书院乃寺地，有二僧，一名智璇，一名某，念唐末五季湖南编户，风化凌夷，习俗暴恶，思见儒者之道，乃割地建屋，以居士类。凡所营度，多出其手。时经籍缺少，又遣其徒，市之京师而负以归。士得屋以居，得书以读。其后版图入职方，而书院因袭增拓至今。"虽然所言碑文失传，无从稽考，但欧阳守道亲眼所见，他仿据宋初创院碑刻记述其事，当为可靠。据此可知，岳麓书院实际上在唐末僧人智璇办学的基础上"因袭增拓"而成功。到北宋开宝九年，朱洞在僧人办学的基础上，正式创立岳麓书院，故僧人寺地所办之学为岳麓书院的前身。

（一）"岳麓书院之称闻天下"

咸平二年（999），岳麓书院在潭州太守李允则的支持下，进入办学的兴盛时期。太守李允则本是儒臣，对兴办岳麓书院亲力亲为。他一方面"尽获故书，诱导青衿，肯构旧址，外敞门屋，中开讲堂，揭以书楼，序以客次，塑先师十哲之像，画七十二贤"，另一方面"请辟水田，供春秋之祀典"。除此之外，李允则制订书院规则，所谓书院的讲学、藏书、祭祀"三大事业"得以形成，书院办学已有相当的规模。

大中祥符五年（1012），湖南湘阴人周式任山长，他"学行兼著，尤以行义著称"。周式立教岳麓书院，扩大了办学规模，入学人数由原来定额六十余人发展到数百人，周式为此请太守刘师道扩建学舍。对此，当时谭绮作记，但原记不存，学舍扩建情形不详。朱熹在《南岳处士吴君行状》曾记载"长沙故有岳麓书院，国初时，郡人周式为山长，教授数百人"。岳麓书院从院舍规模，到生徒人数，都比以前有很大发展。

大中祥符八年（1015），基于岳麓书院"风闻天下"，引起朝廷最高统治者的重视，宋真宗召见山长周式，亲书"岳麓书院"匾额，又感周式"学行义著"，授他为国子监主簿，留在朝廷效命。但周式坚辞不就，乞求归山掌教。宋真宗为他执教之心不移，乃赠对衣鞍马、内府书籍。而今所存明代岳麓书院匾额刻石，乃是当年宋真宗的手迹。总之，北宋时期岳麓书院已风闻天下，成为"天下四大书院"之一，历千年以来，史家从无异议，对其他三大书院，史家的认识和说法则不一。

（二）岳麓书院的重建

南宋时期，东北地区崛起的金国在女真贵族统治集团的执政下，为了掠夺更多的财富，连年起兵南侵，对南宋王朝造成了极大的威胁，作为全国重要学术中心和国学殿堂的岳麓书院，毁于兵火，士子们无不感到痛惜。乾道元年（1165），湖南安抚史刘珙在"湘人士合辞以书院请"的情形下，决意重建岳麓书院。

刘珙本系儒生，一生以尊儒重道为己任，他对书院重建极表支持，"葺学校，访雅行，思有以振起之"。在他主持下，特命金华郡邵颖主持其事，经过一年的努力，书院得以重建，书院至此有屋五十楹，并"肖圣像于殿中，列绘七十子，而加藏书于堂北"，书院面貌焕然一新。特别值得提及的是，著名理学家张栻延聘为岳麓书院主教。在张栻的主持下，一时群贤毕至，人文荟萃，从学者广及东南数省，人数达千人之多。张栻所作《潭州重修岳麓书院记》便是岳麓书院毁于兵火后得以重建的真实记录。自此，"岳麓之为岳麓，非前之岳麓矣！地以人而重也"。在张栻主教下，岳麓书院办学又迎来了一个新的高潮。

三、张栻的教育理念

如前所述,《潭州重修岳麓书院记》不仅记叙了岳麓书院的修复过程,更重要的是阐发了张栻的办学、教育理念。

(一)"盖欲成就人才,以传斯道而济斯民也"的办学新主张

随着时代的前进与发展变化,岳麓书院与时俱进,充满了生机与活力,进入一个新的发展高峰时期,抑或说与重建相伴,岳麓书院进入再出发后的办学时期。张栻在《潭州重修岳麓书院记》中叙述道:"某从多士往观焉,爱其山川之胜,堂序之严,徘徊不忍去,喟而与之言曰:'侯之为是举也,岂将使子群居族谭,但为决科利禄计乎?抑岂使子习为言语文词之工而已乎?'"张栻对湖南安抚史刘珙主持下重修的岳麓书院甚为满意,"徘徊不忍去",与此同时,引发了他对岳麓书院重修后如何再出发的思考。但为决科利禄计乎?像国子监一类官学一样,为学子们开辟一条科举仕进的道路吗?或者说,仅仅像一般学校一样,培养和提高学子们的文化知识即可吗?张栻思之又思,他认为这都不是岳麓书院重修后再出发的办学主张。那么重修后岳麓书院以何理念为新的办学主张呢?张栻由此提出了自宋代始书院的办学主张,这就是"盖欲成就人才,以传斯道而济斯民也"的办学新理念,此理念可谓是独特的以书院制度为代表的中国教育的深刻变革。

首先,张栻明确地把中国古代千百年所传承的"决科利禄计"排除在岳麓书

院办学理念之外，这无异是对传统的"士者仕也"的挑战，也是对读书做官论的挞伐。众所周知，古代的士人即读书人，几乎都以"决科利禄计"为人生之道和人生价值之所在。古代社会流行的"十年寒窗望皇榜"即可证明之。士子们寒窗苦读，只为一个目的，即希望有朝一日在朝廷举行的会试中金榜题名。凡上朝廷金榜者，可取得进士的功名，实现读书做官的美梦。所谓"十年寒窗苦，一举成名天下知"，读书人一旦金榜题名就可改变自己的命运。读书人即使达不到进士的功名，也会力求在乡试中取得举人的功名，举人也有机会跻身官场。在古代社会读书人心中功名很重要，无功名的读书人则被称为童生。一个读书人即使学问很好，满腹经纶，却未曾考上功名，也只能被视为童生，童生充其量只能在乡村当一个教书先生。有了功名，读书人的身份便不一样，受人尊敬。《儒林外史》中所描写的范进中举的故事，可谓入木三分地刻画了读书人追求功名利禄的心态。岳麓书院重修后，公然把"决科利禄计"排除在办学理念之外，在当时对读书人而言可谓惊世骇俗。这不仅表明了张栻在教育上的革新精神，更为重要的是他对起源于私学基础上中国书院制度的推尊。

其次，张栻在《潭州重修岳麓书院记》中所提出的"以传斯道而济斯民也"的办学主张，体现了他办学的创新精神。宋代书院作为一种独特的教育制度的崛起，是中国教育史上深刻的变革，在办学理念上带来了一系列的新变化，张栻提出"盖欲成就人才，以传斯道而济斯民也"的办学主张，发前人所未发，在人才培养上提出了一个明确的目标，一是传道，二是济民。诚如前述，这是对传统"决科利禄计"办学理念的颠覆，体现了中国书院这一特殊教育制度崭新的人才培养模式。

所谓传道，具体地说，是传承"古人建学造士"之道，正如张栻在《邵州复旧学记》中所说："尝考先王所以建学造士之本意，盖将使士者讲夫仁、义、礼、智之举，以明夫君臣、父子、兄弟、夫妇、朋友之伦，以之修身、齐家、治国、平天下。"在张栻看来，古圣先贤建校办学，首先把塑造士者的仁、义、礼、智四德置于首要的地位，使其明乎君臣、父子、兄弟、夫妇、朋友五伦关系。五伦是古代最基本的社会关系，也是保持人与人和谐关系的基础。其次，张栻认为"先王所以建学造士本意"，还有另一个重要方面，即"以之修身、齐家、治国、平天下"，这就是说，在学校教育中古圣先王最重视为学生灌输修、齐、治、平的思想。修身是个道德范畴，是指道德主体内省和磨炼、铸造其道德品性的功夫。古代儒家认为，人的道德本性，要靠道德主体的自觉磨炼。所谓齐家，小而言之，指处理好家庭父子、兄弟、夫妇等关系，大而言之，协调家族内部关系。古时历史的政权，都是一家一姓的政权，是否齐家，关系到政权的稳定和国家的安危。西汉时期的七王之乱和魏晋时期的八王之乱，都是家族内部矛盾冲突引起的暴乱。历史的教训，使张栻认识到齐家的重要性，从而把齐家置于与修身一样重要的地位。

如果说张栻从"尝考先王所以建学造士之本意"中，得到了传道的重要认识，那么他提到的"盖欲成就人才，以传斯道而济斯民也"的人才培养模式最后落实到济民这一点了。所谓济民，指成就人才一定是以治国治民和拯救民生为己任，为国尽忠，为民尽责。

以上就是张栻在《潭州重修岳麓书院记》中所宣示和阐发的"盖欲就人才，以传斯道而济斯民也"之本意。这既是岳麓书院重修后新的办学理念，也是宋代崛起的中国书院教育制度建构的新的人才培养模式。

（二）"惟民之生，厥有常性，而不能以自达，故有赖于圣贤者出而开之。"

张栻在《潭州重修岳麓书院记》中除了提出"盖欲就人才，以传斯道而济斯民也"的重要办学理念，又进一步论述了人的成长离不开教育，或者说，人的成长必须依赖于教育。

张栻首先指出"惟民之生，厥有常性"。儒家都认为人性本善，具有先天的道德属性，正是人的这种道德属性，使之在宇宙万物中成为特殊生命体。人与禽兽异类的本质区别，就在于人类具有禽兽异类不具备的道德属性，人之为人，就因有此道德属性。张栻所认定的"惟民之生，厥有常性"，正是指人所具有的先天的道德属性。

张栻又指出，人虽具有先天的道德属性，但不能自达，也就是说不能直接表现为人的道德品质。张栻认为，人的道德属性是潜在的人性，如果要使之转化成人的活生生的道德品性，那么，便"有赖于圣贤者出而开之"，也就是说必须经过古圣先贤的开导和教化。张栻从理论上绕了一个大弯子，最后落实到人的成长离不开教育。张栻认为不但当世于此，在人类摆脱其幼年时期的愚昧的远古时代也是如此，故"二帝三王之政，莫不以教学为先务"。二帝指中华民族人文始祖伏羲氏、轩辕氏黄帝，三王指原始社会的部落首领尧、舜、禹三位先王。二帝三王时代，中华民族尚处在愚昧的幼年时期，为了摆脱愚昧，所以"二帝三王之政，莫不以教学为先务"。在张栻看来，教育犹似文明圣火，人类摆脱愚昧，开发智力，传承历史文化等，都离不开教育。中华民族自古以来就是一个高度重视教育的民族。张栻认为"二帝三王之政，莫不以教学为先务"只是历史的传说，无文字可考，但"至于孔子，述作大备，遂启万世无穷之传"。如果说远古时代的古圣先贤论教育只是传说，即"述而不作"，孔子则不同，是"述作大备"，也就是说，孔子不同于远古时代的古圣先贤，作为伟大的教育家，在教育上做出的伟大贡献，是有史为证的。"贤人七十，弟子三千"，这就是孔子在教育上所做贡献的最好证明。记录孔子言行的《论语》，更是"述作大备"的学术著作，孔子创立的以"仁"为核心的儒家文化影响了中国社会几千年。

四、主张"天理人欲同行异情"的天理人欲之辩

天理与人欲之辩，既是以张栻为代表的理学家们讨论的一个理论问题，也是反映宋代社会弊病的一个现实问题。宋王朝的统治可谓内忧外患，外受辽、金、西夏不断的侵扰，严重危及王朝的统治；而内部上至皇帝，下至百官，追求酒醉金迷的生活。据《宋史·食货志》记载，宋英宗治平二年（1065），朝廷收入一千一百六十一万，但支出达两千四百万，其中相当一部分被官员消耗，堂堂大宋王朝，实际上积贫积弱，危机四伏。朝廷的腐败引起了朝廷有志之士的忧虑，如王安石、范仲淹等，他们欲进行政治上的改革，但因得不到朝廷最高统治者支持和守旧官僚的反对，都归于失败。

南宋王朝偏安江左，只占有半壁江山，但上至朝廷，下至百官，同往日一样，照样寻欢作乐，置国家安危于不顾。"暖风熏得游人醉，直把杭州作汴州"，真实地反映了南宋王朝的腐败情形。

正是在南宋统治集团沉溺于酒醉金迷生活的背景下，一批有理想的思想家，虽在政治上无力改变这种现状，但在学理上旨在遏制人欲横流，发出一种强大的舆论，予天理人欲之辩。

天理是儒家学说中的一个重要范畴，蕴含着深刻的思想意蕴，简言之，天理是道德原则和道德范畴的总称，人欲则是指人们生存和繁殖后代的物质生活和精神生活的需要。天理人欲乃是历代社会存在的一个基本问题。诚如上述，

基于宋代统治集团的腐败和骄奢淫逸，理学家们展开了天理与人欲关系的大辩论，旨在遏止人欲横流。天理与人欲之间究竟是一种什么关系，理学家们提出了种种的认识和主张。概而言之，以朱熹为代表的思想家认为天理人欲是相互排斥而绝对对立的两极，提出"天理人欲不并立"的主张，认为有天理则无人欲，有人欲则无天理。以张栻为代表的理学家的主张则与此不同。张栻提出了著名的"天理人欲同行异情"的主张。张栻认为天理人欲不是对立的两极，二者是同行关系。所谓同行，即同体之意，二者相互依存而不能分割，否则不可谓之同行。在张栻看来，如果天理人欲不同行，二者绝对的对立，那么以天理遏止人欲，即用道德原则和道德规范去支配和节制人欲的恶性膨胀就毫无意义，也就是说，以天理灭人欲，意味着对人生存和繁殖后代的物质生活和精神生活需要的排除和否定，这在理论上无异掉进了佛家禁欲主义的泥坑。由此可见，张栻以"天理人欲同行"取代"天理人欲不并立"，这在理论上有其合理性，可谓是发时贤所未发。

然而，张栻虽然肯定了人欲有一定合理性，但他与宋代统治集团纵容人欲恶性膨胀的行为划清了界线，他明确地说"天理人欲同行异情"。所谓异情，即是说天理与人欲虽然同行，但二者在本质上有区别，所以他说："天理人欲，同行异情，毫厘之差，霄壤之别。"说到底，张栻认为既要看到天理、人欲之间的联系，二者同行，又以异情划清了天理与人欲之间的本质界线，从理论上抨击了朝廷到百官的纵欲行为。

张栻不仅从理论上抨击了南宋统治集团纵情纵欲的行为，他和父亲张浚在行为上也为百官做出了勤政爱民和清贫乐道的榜样。张浚乃一朝宰相，位极人臣，但他居官廉洁，两袖清风。张浚这种为官廉洁的作风，与南宋朝廷与百官的纵情纵欲形成鲜明的对比。张浚清贫廉洁，对张栻影响至深。张栻自幼以孔门高徒颜回自期，以颜子"一箪食，一瓢饮，在陋巷，人不堪其忧，回也不改其乐"为职志，为此作《希颜录》上下卷，欲做清心寡欲、安贫乐道颜子式圣人，一生克己奉公，洁身自好。由此可见，张栻不仅从理论上抨击了南宋统治集团纵情纵欲的行为，张扬了社会正气，而且以自己和父亲张浚的所做所为为百官们树立了甘居清贫和洁身自好的榜样。

张栻"天理人欲同行异情"的主张，不是反对合理的人欲，也不是要人们奉行佛教教徒的禁欲主义，而是从现实出发，反对南宋统治集团的纵情纵欲。这就是他"天理人欲同行异情"的本义。

第八章 张栻与湖湘文化

湖湘文化是南宋时期以胡宏与张栻为代表、以岳麓书院为基地的湖湘学派形成后所出现的颇具地方特色的区域文化。在此之前，湖南文化为楚文化所支配，湖南也被称为"屈贾之乡"。

为什么具有地方特色的湖湘文化是在以胡宏、张栻为代表的湖湘学派形成后出现的呢？简言之，在南宋以前湖南尚未出现真正的影响湖南文化发展的哲学理论体系，而这恰恰是湖湘文化是否形成的关键。众所周知，任何一种文化都是建立在一定的哲学基础之上的，哲学是时代的精华，是人类文明发展的理论基础。举凡一种文化的变革都要以哲学变革为先导。楚文化之所以是楚文化而不是齐鲁文化，就在于楚地出现了以老庄为代表的哲学体系。同样，楚文化在湖南之所以裂变为有地方特色的湖湘文化，就在于南宋时期确立了以胡宏、张栻为代表的湖湘学派的哲学体系，这为湖湘文化的形成奠定了理论基础。本章将对此哲学体系进行简要的勾勒。

一、"天下之言理者,性也"

胡宏、张栻在宋代理学中独树一帜,创立了以性为宇宙本体的湖湘哲学学派。湖湘学派认为,宇宙本体不是理,也不是心和气,而是性。何谓性呢?性在中国思想史上是一个古老的概念,一经提出就被赋予了人性之质的规定。《诗经》曾云:"天生烝民,有物有则。民之秉彝,好是懿德。"又说:"俾尔弥尔性,似先公酋矣。"这是最早关于性即人性的记载。类似的记述,也见于《左传》。《左传》说:"天生民而立之君,使司牧之,勿使失性。"这不但肯定了性即人性,而且要求人之设君管理人民,应保持固有本性。进入春秋时期,以性为人性的讨论进一步展开。孔子提出"性相近,习相远"的著名命题,这涉及共同人性以及后天习染的差异问题。孟子则提出"人性本善",认为性本善是人与生俱来的。与孟子"人性本善"不同,告子虽然主张"性不善不恶"的中性说,但他同样以性为人性。荀子的性恶说也是基于性即人性而言。先秦以降,董仲舒的"性三品"等,无不以性为人性。性是中国古代一个重要的哲学概念和伦理概念,虽然至宋代性已扩大为物性,但仍主要指人性。检视历史,在宋代以前,却未有把性作为宇宙本体者,把性提升为宇宙本体的高度,这是湖湘学派的的创造。

胡宏和张栻提出以性为宇宙本体,是对程朱理学的颠覆。宋代理学家"二程"以理为宇宙本体和主体之外存在的绝对精神,他们认为,人的一切活动都要服从理的绝对精神的支配和安排,甚至人的七情六欲也要受理的严格约束,所谓非礼勿视、非礼勿听、非礼勿言、非礼勿动即以此指。在"存天理，灭人欲"的理学指导下，人被套上了厚重的精神枷锁，动弹不得，人的能动性完全被扼杀。为了解除加诸人的理的枷锁，为了肯定人的主体性的能动精神，张栻与胡宏独树一帜地提出性本论的哲学体系。因为古代思想中的性即人性，性是人本质的抽象，因此以性为本体实质上是以人为宇宙本体，是给人在宇宙中的一个明确地位。宇宙中物类万千，纷纭复杂，仅生命体的存在就万万千千，但人与自然界处于一种什么关系呢？人与禽兽各自处于一种什么地位呢？人是否在世界中有自己的特殊地位呢？这些都是关于人类是否立足世界的理论问题。如果人类对自己在世界上的地位毫无所知，那么人类永远无法摆脱动物的本能性和直接性，人永远不能自立，人的尊严和价值更无从谈起。为了寻求和认识人在世界上的定位，自有人类历史以来，古代的先人们就不断地求索，提出了种种关于人在世界上定位的主张和认识。从先秦开始，先人们提出人类是宇宙中的一种特殊的生命集群，为了把人类与自然界物类相区隔，思想家认为人是宇宙之精华、天地之灵秀，其中儒家认为人在宇宙中的地位崇高且伟大，具有同天地一样的地位，人与天、地相并论，号称"三材"。道家同样认为除了天地和道，人最伟大。老子说："道大，天大，地大，人亦大。域中有四大，而人居其一焉。"汉代思想家董仲舒也有类似的论述："人之超然万物之上，而最为天下贵也。"他认为天地虽然存在着万物，但都不过为人所设。"天地之生万物也以养人，故其可食者以养身体，其可威者以为容服。"董仲舒由此对人在世界上的地位做出结论："天地之精所以生物者莫贵于人。"宋代理学家对人在世界上的定位，同前人认识基本一致，如周敦颐说："惟人也，得其秀而最灵。"

从以上论述中，我们可以看出古代先人们对人在世界上的地位很关注，尽管他们的认识多是在人与万物的比较中取得的直观认识，但他们毕竟认识到人在世界中具有崇高的地位，认识到人与天地一样伟大。

古代先人们之所以认识到人的崇高和伟大，乃在于他们已认识到人与其他生命体如禽兽之类的本质区别。孟子从人性上提出人具有四心，即恻隐、羞恶、辞让、是非，与此相联系，人亦有四德，即仁、义、礼、智。人的四心和四德是决定人之所以是人的根据。禽兽之所以为禽兽，不可与人相比肩，就在于它无道德属性。孔子对人下了一个定义，即"仁者，人也"，人之所以是人，与世界其他物类相区别，就在于人具有道德属性。孔子与孟子不仅把人看作世界特殊生命体集群，而且进一步从理论上说明了人为什么地位崇高和伟大。虽然古代先人们对人在世界上的定位，从总体上而言还是一种直观的认识，并未把人提到哲学本体的地位，但他们毕竟已认识到人在世界上有自己特殊的地位。因此，人不能把自己与其他物类相混淆，更不应该受到其他物类的支配，人应该从自己在世界上的定位把握自己，应该有自己肩负的使命，应该自尊、自重，维护自己的尊严与价值。

以张栻为代表的湖湘学派，为了与程朱理学相颉颃，打破理对人的精神束缚，在先人认识的基础上，从哲学上进一步探讨了人在世界上的定位问题，他们把对人的地位的论证提升到更高的理论层次，提到哲学本体的高度，由直观进入哲学思辨。诚如上述，以性为哲学本体，实际上是以人为本体，凸显了人在世界中的主宰地位。性本论虽是一个哲学命题，但它主要的不是讨论抽象的世界是由什么构成以及世界是如何起源的问题，它所关注的是人在世界上的地位问题。湖湘学派从实际中认识到人不仅可以适应世界的变化，而且可以能动地改造世界。随着人类的进步，人的认识能力提高，人的智力得以开发，世界越来越人化了，处处留下了人的痕迹，极大地改变了世界的面貌，这些显而易见的变化，印证了先人们对人的崇高和伟大的认识，这一切给湖湘学派莫大的启迪。如果说先人们对人的崇高和伟大的认识还仅是一个直观的认识，缺乏哲学的论证，那么湖湘学派则在此基础上，将其提升到了哲学本体论的论证。张栻提出的"天下之言理者，性也"，既是对程朱理本论的颠覆，也从哲学本体论上强调和论证了人在世界上的主体性地位。

二、性本体，为人类设计了一个以人为中心的社会发展框架

以性为本体，凸显了社会发展的人的目标，奠定了以人的价值、尊严以及人生意义为核心的湖湘文化人文精神体系。

众所周知，湖湘文化的变动是以哲学变革为先导的，因为湖湘哲学的形成，所以引起了湖南区域文化的极大变动，诱发了湖南文化由楚文化向湖湘文化的裂变，一种充满活力且具湖南地方特色的思想文化形态，活跃在湖南大地上，震动了南宋思想界，湖南历史上也第一次出现了真正属于湖南地方特色文化的称谓。著名理学家朱熹是此称谓的首倡者，他在历史上第一次提出"湖南学""湖湘学""湖南一派"的称谓。不仅如此，朱熹为湖南文化的魅力所倾倒，他排除种种干扰，不远千里，从福建到长沙岳麓书院问学张栻，并在此举行著名的"朱张会讲"，开中国学术史上学术讨论之先河，湖湘学与闽学进行了广泛交流。朱熹认为他的湖湘之行受教益颇多，促进了闽学的发展。

史家对南宋兴起的湖湘文化给予了高度的评价，胡宏被推许为"卒开湖湘学统"，张栻则被推尊为"一世道学的宗主"。著名史籍《宋元学案》特辑有《五峰学案》《南轩学案》《岳麓诸儒学案》，并称理学中以"湖湘学最盛"。

可以这样说，湖湘性本论哲学为湖湘文化建立了理论基础，规定了湖湘文化的发展方向，赋予湖湘文化以特质。

首先，性本论哲学已内化为以人为本的湖湘文化精神。既然人是世界的主

宰，那么就意味着人既不受理一类绝对精神的安排，也不受其他物类的支配，自然和社会面貌在很大程度上取决于人的主观能动性的发挥，取决于人对历史的担当精神。在此浸润下，湖南人有强烈的忧患意识，把国家和民族的命运与人的命运联系在一起，充满了对人类完满性缺失的关怀。在南宋时期，湖湘文化所表现的对历史的担当精神可谓表现得淋漓尽致。南宋时期，女真氏族贵族发动的战争使宋王朝处于危亡之秋，张栻教诲下的岳麓书院学子，坚守民族气节，投笔从戎。《宋元学案》所刊《岳麓诸儒学案》明表三十三人，都是南宋淳熙到嘉定年间在抗金斗争做出重要贡献的。南宋王朝抗金屡战屡败，唯独由岳麓学子赵方、吴猎主持的江陵抗金战事屡战屡胜，扭转了抗金的败局。在湖湘文化熏陶下，湖南人把对国家尽义务与责任的历史担当精神，作为人生的价值和追求。南宋时期如此，以后历代都如此。岳麓书院学生为了抗击蒙古氏族贵族的侵略，投身保卫长沙的战争，表现极为英勇壮烈。明清时期，在张栻思想影响下，岳麓学子的爱国情怀进一步得到彰显。明末王夫之提出"六经责我开生面"，民国时期著名教育学家杨昌济则提出"欲栽大树柱长天"，表现了整饬乾坤的冲天豪气。特别值得一提的是，从清道光到清末，作为湖湘学派基地的岳麓书院涌现了魏源、曾国藩、左宗棠、郭嵩焘等一批宦海清流。他们的所作所为，与其说冲击了腐败的官场，毋宁说再次宣扬了湖湘文化的历史担当精神，这也是后世湖南人所公认的"心忧天下，敢为人先"的湖南精神。近代学者杨度说"若道中华国果亡，除非湖南人尽死"，正是对此精神的最好注解。

其次，湖湘学派虽然高度重视人的主体性的能动作用，但它以性为本体，既指人性，也包括物性，也就是说，它并不像心学派那样，认为世界只有主体的心存在而"心外无物"。湖湘学派性本论哲学认为，主体人存在以外，还有物的存在。既然如此，人的主观能动性就受到一定客观条件的制约。这突出表现了湖湘文化崇高的务实和经世致用的精神。湖湘文化反对空谈，胡宏对南宋时期不务实的学风大加针砭："学者多寻空言，不究实用，平居高谈性命之际叠叠可听，临事茫然，不知性命之所在者，多矣。"张栻则说："道德性命，初不外乎日用之实，其于致知力行，具有条理，而诐、淫、邪、遁之说，皆无以自隐。"不仅如此，他还指出为学不务实，不得真知，"若如今人之不践履，直是未尝真知耳"。张栻特别重视培养学生务实力行的品质，学生曹植回忆其教诲时说："以为士君子之学，不过一实字。"长于中原文献之学的吕祖谦极其推许张栻的务实学风："张荆州教人以圣贤语言见之行事，因行事复求圣贤之语言。"与此相反，理本论者朱熹却对张栻的务实精神加以非难，曰："只说践履而不务穷理，亦非小病。"总之，张栻性本论强调人的主体性的能动作用，并不像心学派把精神的作用与经世致用对立起事，恰恰相反，他把二者紧紧结合在一起，显示了湖湘文化反空谈而务实致用的精神。湖湘文化的务实致用精神，代代相传，历经元、明愈益彰显，到了清代又起高峰，岳麓书院学生魏源提出"师夷之技以制夷"，曾国藩、左宗棠办洋务，兴实业，集圣德王功一体，湖南理学经世派活跃于中国历史舞台。随后，湖南又有黄兴、蔡锷、陈天华等出现，湖湘文化务实致用的精神，随着历史的发展愈益显示出灿烂的光辉，书院学生蔡和森、邓中夏、何叔衡等把此精神推到了历史发展的高峰。

再次，性本论指导下设计的以人为中心的社会发展目标框架的湖湘文化，特别关注人的智力和素质的提升。从南宋开始，湖南对教育特别关注，湖南教育一直走在全国的前列。张栻主持的岳麓书院成为著名的天下四大书院之一，并成全国效仿的榜样。元代增进七十四所书院，其中湖南占二十七所。元代恢复科举考试以后举行的二十余次的科举考试中，中试录取者达一千二百人，其中湖南中举人二百一十七人、进士一百四十三人。清代湖南书院遍及全省八十六个县，县县有书院，少数民族聚居地区有书院十二所。湖南在宋以后成为全国教育发达地区之一，很显然是性本论对湖湘文化辐射的结果，凸显了湖湘文化以人为本的特色。

另外，还值得一提的是，湖南性本论哲学铸造了湖湘文化的开放与包容精神，培养了湖湘文化海纳百川的伟大胸怀。诚如上述，张栻的性本论哲学中，其性是兼具人性与物性的最高哲学范畴，性既是精神性存在的形式，又是非精神的物质存在的形式。宇宙间存在着精神和物质的壁垒，而人与物的差别都消融在性中，这虽不是唯物，但与心学派的心外无物有本质的区别，以此世界观和方法论观察世界，人们必然会在认识上突破物质与精神两立世界的局限，必然有广阔的视眼和开放的心态。事实也确如此，在性本论的指导和辐射下，湖南文风、学风大变,岳麓书院为湖湘文化的开放与包容的精神打开了大门,岳麓书院成了百家的讲堂,各家各派在书院宣讲自己的学旨和主张。如与理学相对立的宋代事功学派的代表陈傅良在岳麓书院讲事功之学,与湖湘性本论存在歧见的理本论者朱熹在书院与张栻讨论太极、乾坤、已发未发等理学问题,讨论三天三夜不合眼,这就是有名的"朱张会讲"。至明代阳明学派的创始人王阳明,在书院宣传阳明心学,其"致良知"的心学主张即在岳麓讲学中提出。随后,王学家季本、罗洪先在岳麓书院宣讲王学。至清代,作为湖湘文化大本营的岳麓书院,既讲汉学,又讲宋学,汉宋合流。不仅如此,西学也登上了书院的讲台,岳麓书院熔古今和中西文化于一炉,湖湘文化表现的开放与包容精神,使湖南学术充满活力,展示了湖湘文化的魅力。

综上所述,无论是湖湘文化所表现的"心忧天下,敢为人先"的历史担当精神,还是务实和重实用的精神,都是湖湘学派以性本论的哲学变革为先导而带来的变化,也就是说,南宋时期湖南崛起的湖湘性本论哲学为湖南文化的变革奠定了理论基础。可以这样说,由楚文化裂变而来的具有鲜明地方特色的湖湘文化,是湖湘性本论哲学指导和辐射的结果,湖南楚文化若没有胡宏、张栻的性本论支撑,不可能裂变为湖湘文化。张栻是湖湘文化的开创者,而他主教的岳麓书院是湖湘文化的发源地。

第九章 张栻与湖湘学派

湖湘学派是理学阵营中的一个重要学派，也是中国古代重要的区域文化代表之一。因为此学派的代表人物胡宏、张栻的思想在湖南形成，且主要在三湘流域传播，特别是古代四大书院之一的岳麓书院是此学派形成和活动的基地，故此学派具有强烈区域文化性质，当时学者称其为湖湘学派。"湖湘学"的称谓开始于南宋，如朱熹屡称"湖南学""湖湘学"，并两次不远千里到湖南长沙问学，自叹湖湘学学旨宏大精粹，甘拜其门下。后来《宋元学案》的作者黄宗羲把此分立为《五峰学案》《南轩学案》《岳麓诸儒学案》，正式把湖湘学称为"湖湘学派"。湖湘学派虽然深刻影响了近千年湖湘文化的发展，是湖湘文化的重要源头，但它本身还不是近千年湖湘学术的全部，它只是湖湘文化发展的一个重要阶段，即南宋时期湖湘学派的发展阶段。因此，本章仅以《宋元学案》所分立的学案为准，以探究南宋时期湖湘学派的学术特色。湖湘学派是南宋时期独树一帜且颇有影响的学派，当时著名学者朱熹、吕祖谦、叶适对其均有较高的评价，且常与其代表人物切磋学术，过往甚密。黄宗羲曾称南宋时期学术以"湖湘学最盛"。

一、湖湘学派学术的基本特征

从总体来说，湖湘学派属理学的范畴，系理学阵营之一支，然而它又具有对正宗理学明显的离异倾向，在理学的重大问题上颇有独到之处，表现出有别于程朱又有违于陆氏的特色。首先，湖湘学派在本体论上提出以性为本体说。程朱以理为最高范畴，天理构成了其思想体系的核心。朱熹说："合天地万物而言，只是一个理。"又说："未有天地之先，毕竟也只是理。有此理，便有此天地；若无此理，便亦无天地。无人无物，都无该载了。有理便有气，流行发育万物。"理被朱熹看成是世界的本原，世界的一切事物均由此派生。这种理本论在理学中占了统治地位。另外，陆象山则与朱熹不同，提出了心本论。陆象山认为虽然存在充塞宇宙万物之理，然而此理即在心中，发自心中，从而提出心即理说。他说："心，一心也；理，一理也。至当归一，精义无二。此心此理，实不容有二。"又说："人皆有是心，心皆具是理，心即理也。"陆象山认为，心是世界的本原，心是最高范畴，故学者把陆象山思想体系称为心学，其影响极大，同程朱理学，并称为理学中的两大学派，曾一度取程朱理学统治地位而代之。湖湘学派与上述理学中两大占统治地位的学派不同，他们提出了性本论。胡宏说："天命之谓性。性，天下之大本也。"又说："性也者，天地所以立也。"还说："万物皆性有也。"总之，非性无物，性被看成是世界的本原和发端。世界的主宰既不是理，也不是心，而是性，性才是最高的范畴。张栻也秉承师说，提出"有太极则有物，性外无物"，性犹之乎太极，亦即宇宙的本原。也正是性具有自在本体的意义,所以张栻把性称为"本然之性""性之大本""性之本然"。湖湘学派以性为宇宙本体固然与程朱理学、陆氏心学在理论上相离异,而且更表现出其思想体系以伦理为本位的鲜明特色。张栻把性解释为善,善是性的本质属性,"其善者天下之性也",而此善同性一体为万物所具,"物之始生无有不善",因此,以性为本体也就是以善为本体。换言之,世界存在着普遍的人伦道德精神,人和万物、社会、自然都统一在性即善的基础上,均以普遍的人伦道德精神为其共同本质,这就构建了真正彻底的天人合一体系。

人性问题,是理学家颇为关注与热烈讨论的中心问题之一,对此,湖湘学派也颇有其特色。程朱及传统的人性论都具有一个共同点,性专指人性而言,除此之外,他们都以性为善,而善同样是专门针对人而言的。湖湘学派则与此不同,胡宏提出性无善恶论,他说:"孟轲氏、荀卿氏、扬雄氏之以善恶言性也,非欤?"又说:"性也者,天地鬼神之奥也,善不足以言之,况恶乎?"那么性的本质属性是什么呢?胡宏认为性为"中",也就是说人性本中。他说:"中者,性之道也。"而中,"不可以善恶辨,不可以是非分,无过也,无不及也,此中之所以名也"。胡宏以性为中,既与以善恶言性相异,而且更重要的是由此提出圣人、凡人性平等说,不承认圣人、凡人存在着先天性的差别,"凡天命所有而众人有之者,圣人皆有之",其间的区别只是"圣人发而中节,而众人不中节也",否定了传统的性的等级结构,具有与正宗理学明显的离异倾向。张栻的性论同胡宏的基本相同,所不同的在于张栻提出性善说,认为恶不是性。但张栻的性本善与程朱学派不同,他认为性本善是人人皆具的,不仅"原人之生,天命之性纯粹至善而无恶之可萌者也",而且"物之始生亦无有不善",也就是说,不仅圣人、凡人具有同样的性,人与物其性也一样。虽然这在理论上与胡宏的说法不一,但殊途同归,都提出了性的先天平等论,都否定了性的先天等级结构,实际上亦是对封建等级特权的批判。这无疑是正宗理学所不能的,故受到朱熹等的批评与诘难。然而正是此种独特的人性论,不仅与传统的性论相区别,而且在理学中也是独一无二的。

其次,在天理人欲问题上,湖湘学派的主张也具有特色。把天理人欲截然对立,为宋代理学家所本,他们提出"存天理,去人欲"。其中程朱学派尤为典型。他们的基本观点是"天理人欲不并立",主张灭人欲,存天理。胡宏从自然人性论出发,提出了与其他宋儒所不同的理欲观。他反对程朱理学把理欲视为对立的两极,形如水火。与此相反,他认为天理人欲本为一体,不可分离。胡宏说:"天理人欲,同体而异用,同行而异情,进修君子,宜深别焉。"把人欲与天理视为一体,这肯定了人欲存在的合理性、必然性和神圣性,与理学家视人欲为罪恶渊薮,主张将其泯灭大相径庭。正是因为这样,所以朱熹屡与其诘难。朱熹极力反对天理人欲同体说,他认为这是"以天理人欲混为一区",并指责其"不免有病"。然而张栻的契友吕祖谦却对此赞赏说,天理人欲"实未尝相离也。同体异用,同行异情,在人识之尔"。由此可见,天理人欲的争论在理学家中极为热烈。湖湘学派是反对程朱之观点的,而其主张则又受到中原吕祖谦的肯定。张栻在天理人欲问题上与其师胡宏的观点相似,他提出"天理人欲,同行异情",虽然未提出"同体异用",然而他认为人欲存于性中,"食色出于性也"。他指出天理人欲原本不是对立的,二者所产生的对立,则是"有所为而然者",即性为己发而受外部人为的干预造成的。他说:"无所为而然者,命之所以不已,性之所以不偏,而教之所以无穷也。凡有所为而然者,皆人欲之私,而非天理之所存。此义利之分也。"这说明性的未发状态即"无所为而然者",未加以人为干预的本然之性,根本不存在天理与人欲对立,而以后通过人为干预产生的人欲,却不是原本就存在的,而是后天的。虽然张栻未像胡宏把天理人欲明确归为一体,但他也否认天理人欲从来就是对立的观点,因此他所强调的"同行异情",不是要去消灭人欲,而是遏制人欲。异情不是要消灭情,而是要对情加以区别,做到情正。湖湘学派此种理欲观确是理学中独树一帜的。

在湖湘学派的学术特色中,还值得一提的是它重践履的务实学风。治学必须务实,立言必须践履,这是湖湘学派基本的学旨。张栻一生身体力行,居学心忧天下,用世则康济时艰,以关心民瘼和抗金名于世。在其影响下,湖湘学子投身抗金斗争,以奋伐仇虏、克复神州为己任。《宋元学案》所列岳麓诸儒,明表三十三人之多,其中包括"如彭忠肃公之节概,吴文定公之勋名,二游文清、简公之德器,以至胡谷辈之臣子也"。这些湖湘学派巨子,都是淳熙到嘉定年间在抗金斗争中做出重要贡献的人。《宋史》本传称吴猎是"湖湘之学一出于正,猎实表率之"。《宋元学案》则称:"如先生者,有得于宣公求仁之学而施之于经纶之大者,非区区迂儒章句之陋。"赵方,《宋史》本传称:"方起自儒生,帅边十年……而京西一境独全。"游九功、游九言效力疆场,屡立战功。湖湘学派志在经世致用的学风,史家屡加称道,黄宗羲曾指出:张栻门生"多留意经济之学"。其流风所被,化及千年,深刻影响了湖湘文化的发展。

二、湖湘学派是个人才群体

湖湘学派是个人才群体，它包括一大批学有卓识的理学家，所见经传者不下几十人，过去史学家公认衡山胡宏为此派的奠基人，《宋元学案》说胡宏"卒开湖湘之学统"。胡宏是个理学造诣极高的学者，全祖望说"中兴诸儒所造，莫出五峰之上"，这似乎在当时已成公论。胡宏的学说不仅奠定了湖湘学派的理论基础，也影响了湖湘学的发展。张栻论胡宏学承时说道："自幼志于大道，尝见杨中立先生于京师，又从侯师圣先生于荆门，而卒传文定公之学，优游南山之下余二十年，玩心神明，不舍昼夜，力行所知，亲切至到。"此说法《宋史》本传和《宋元学案》均有记载。由此提出一个问题，按其学承关系而论，胡宏的父亲胡安国应划定为湖湘学派的先驱，而他的兄弟胡寅、胡宁应归属湖湘学派。为什么单指胡安国为湖湘学的先驱而不把胡宏的老师杨时和侯师圣归属其内呢？其原因在于后二者只传授二程理学，而胡宏的理学特色则来自胡安国。换言之，胡宏有代表性的湖湘学的许多重要观点与胡安国是一致的，而这些观点恰与杨时、侯师圣相悖。

胡宏和胡安国学旨相同之处主要表现在以下三个方面：

第一，对孔子为何作《春秋》，胡氏父子二人的看法是一致的。本来，关于孔子作《春秋》的动机历来说法不一，胡安国认为孔子作《春秋》意在"遏人欲于横流，存天理于毁灭"。这种别出心裁的说法前所未见，这显然是胡安国强加给孔子的。而胡宏对此说法深信不疑，认为"天理人欲莫明辨于《春秋》，圣人教人消人欲复天理，莫深切于《春秋》"。他们把理学的观点加于孔子，显然是为他们的理欲观寻找理论上的根据。胡宏在天理人欲问题上不同意程朱的"天理人欲不并立"，而主张"天理人欲同体异用"，其源头实是自此开始的。

第二，主张通经致用，这是湖湘学派在学术上一个很突出的特色。胡安国作《春秋传》，曾指出这是为"圣王经世之志"，他为学以康济时艰为己任。他说："圣门之学，则以致知为始，穷理为要，知至理得，不昧本心，如日方中，万象毕见，则不疑其所行，而内外合也。故自修身至于天下家国，无所处而不当矣。"胡宏师承父志，进一步指出："学道者正如学射，才持弓矢，必先知的，然后可以积习而求中的矣。……若志不在于的，苟欲玩其辞而已，是谓口耳之学，曾何足云！"又说："故学圣人之道者，必先致知，及超然有所见，乃力行以终之。"主张通经致用而反对空谈，是湖湘学派与正宗理学相离异的特色之一，而胡宏的思想与其父胡安国一致，无疑是因为胡安国影响了胡宏学术思想的形成。

第三，道，是理学中的一个重要范畴，宋儒援引《易传》解道为"形而上"，认为道是抽象而神秘的，然而胡安国的看法与此大相径庭，其认识与湖湘学派相同。胡安国提出，道在人们日常事物之中，他说："冬裘夏葛，饥食渴饮，昼作入息……只此是道。"而胡宏也持此说，释道为人伦日用。

诸如上述的相同之处还表现在其他一些方面，如都主张恢复井田制以解决土地兼并问题，等等。这些都证明张栻说胡宏"卒传文定公学"是可信的。胡安国著《春秋传》是在湖南衡山，参与此著作写作的有儿子胡寅、胡宁、胡宏等。胡宏自幼受家学熏陶，又参加胡安国作《春秋传》的工作，受其影响无疑是很自然的。所以从构成湖湘学派的学术特色理论来源而言，胡安国作为此派的先驱是当之无愧的。《宋元学案》的作者说胡宏"卒开湖湘之学统"，实际上湖湘学派的先驱是胡安国。

因为胡寅、胡宁是张栻的同辈，《宋元学案》作者作《南轩学案》旨在缕析张栻门生，因此未把胡氏兄弟列入。后来虽又立《岳麓诸儒学案》，但只限岳麓书院的学生、张栻的门人，故不好将胡氏兄弟列入。从地域尤其是学术观点来看，胡寅、胡宁也应属湖湘学派的巨子。如果说胡安国是湖湘学派的先驱，那么胡宏、胡寅、胡宁等则是湖湘学派的创立者。因为胡寅、胡宁主要从政，在理论思想的贡献上不及胡宏，真正从理论思想体系形成湖湘学派特色的是胡宏，所以胡宏是湖湘学派真正的奠基人。但不能因为如此，把胡寅、胡宁排除在外。湖湘学派经历了两个发展阶段，一是创立阶段，胡宏、胡寅、胡宁都是创立者，但以胡宏为主要奠基人；二是湖湘学派的鼎盛阶段，这一阶段出现了大批湖湘学的传人。一个学派能否有传人，是其能否形成以及发展的关键。张栻是胡宏的得意高足，他对湖湘学派的发展无论从理论上还是从传播湖湘学派学术上来说，贡献都是最大的，他是继胡宏之后的唯一的巨匠，所以他是湖湘学派的代表。在张栻门下的大批岳麓书院学生则是得以组成这个学派的关键。所以说湖湘学派是一个人才群体。张栻虽是湖湘学派的代表，但因他另有专门论述，在此不再复述，本章只略述其创立者胡宏，再及张栻的门人和湖湘学派的主要传人。

（一）湖湘学派的创立、奠基人——胡宏

胡宏（1106—1162），字仁仲，号五峰，理学家胡安国少子。福建崇安人，后迁居湖南衡山，隐居衡山二十余年，卒于此。

胡宏一生不耽于仕进，初荫补右承务郎，不调；后秦桧当国，留意于"故家子弟"，因胡宏为太学博士胡安司之后裔，故命胡宏的长兄胡寅写信劝他进京做官，胡宏不仅不复命，且连信也不回。胡寅责问他为什么不回信，胡宏应对说："正恐其召，故示之以不可召耳。"这就是说正怕秦桧召他，所以不回信，故意表示不应他的召。秦桧气恼之余，拿他没办法。胡宏在《与秦桧之书》中说，功名利禄为他"志学以来所不愿也"，他说自己志在"立身行道"，做一个不随俗浮沉而有气节的大丈夫。他做人的标准是："杰然自立，志气充塞乎天地，临大节而不可夺，有道德足以赞时，有事业足以拨乱，进退自得，风不能靡，波不能流，身虽死矣而凛凛然长有生气如在人间者。"这种不求富贵利达、不阿权势的品质，与南宋社会钻营利禄、政治昏暗的官场积习成鲜明的对比。与其说胡宏不求仕进，毋宁说他是对南宋朝廷的腐败不满。这一点从他给皇帝的上书中看得很清楚。胡宏在给高宗的上书中，对朝廷的步步退让极言不满，愤慨之情溢于言表，其锋芒直指最高统治者。他直书言语："陛下顾虑畏惧，忘之不敢以为仇，

臣下僭逆，有明目张胆显为负叛者，……而陛下顾虑畏惧，宽之不敢以为讨。守此不改，是祖宗之灵，终天暴露，无与存复也。"皇帝如此，朝臣更是如此，只知贪图荣宠，偷安江左，所以胡宏又说："且群臣智谋浅短，自度不足以任大事，故欲偷安江左，贪图荣宠，皆为身谋尔。"当时秦桧执掌朝柄，胡宏不愿与其为伍。秦桧死后，朝廷闻其所忠，胡宏再次被召，他以疾辞，终避不出，竟卒于家。胡宏不愿仕进，实在不是不以家国事为重，而是他一身的骨气，不愿与奸邪谀佞同流合污。

胡宏虽无意仕途，但对学术极为重视。胡宏是个忧时伤世的人，为学另有所志。他曾自述："道学衰微，风教大颓，吾徒当以死自担。"他治学是为了振兴道学，敦风化俗，同其父亲胡安国一样，学在康济时艰。他几十年潜心学术，以"为学是终身事"，尽了毕生精力，为中国古代丰富的文化遗产宝库增添了新的内容。他的主要著作有《知言》《皇王大纪》《易外传》等。

胡宏在理学中的突出贡献是他自成一家体系，创立了非正宗理学性质的湖湘学。湖湘学在南宋时期极盛一时，相对理学中各个学派，湖湘学影响最著，所以后来明代思想家黄宗羲在作《宋元学案》时评价说"湖湘学最盛"。湖湘学不仅影响了朱学的形成，成为程朱理学向陆王心学过渡的转折，而且还深刻影响湖南近千年的学术发展。从宋代到近代，湖南人才辈出，代有闻人，论其思想渊源实出自于此。

胡宏理学思想的主要贡献及其特色，最集中地表现在理学的一些基本问题上，他独树一帜，其见解使人耳目一新。

首先，宇宙本体之为何是所有理学家最关心的问题。茫茫宇宙究竟是物质的还是精神的，它的本原是什么？还有人和人类与自然界的关系，理学家都在不同程度上做出了回答。最权威的论点是程朱理学的以理为宇宙本体，和陆王心学的以心为宇宙本体，这两种回答形成理学中的两大派别。胡宏与此不同，他提出性是宇宙本体，这在理学中是独一无二的。性是胡宏思想中的最高范畴，是宇宙万物的根源，宇宙间一切事物都由性所派生，以此为根据；对性与理、性与心的基本问题上，胡宏做了既不同于程朱的解释，也不同于陆王的解释。程朱认为理是根本的，理统率性，而胡宏则不然，他认为二者既有联系又有区别，其区别在于性是天命之全体，而理只是物之理即天命之局部，理并不是宇宙的本原。"物之生死，理也；理者，万物之贞也。……物之理，则未尝有无也。"这里的理似指事物的规律。但他又说："万物不同理，死生不同狀。"这里的理似乎又是事物的一种具体属性。总之，性与理是有原则性的区别的，因此他反对以性类理。胡宏的观点是"性具万理"，而不是程朱的"性即理"。

在性与心的关系上，胡宏既不同意程朱的心主性、心统性之说，也不同意陆王心学的心体性之说。胡宏认为"夫性无不体者，心也"，这就是说性与心是主宾关系，前者是被体现者，后者是体现者，性是内在的，而心是性的外在表现。当然上述这些，从宇宙本体来说，胡宏同样做了唯心主义解释，但他对宇宙本体的观点显然与正宗理学是不同的。

其次，在人性问题上，胡宏也与程朱理学的观点相异趣。胡宏最基本的观点是认为性无善恶。本来以善恶说性历来是儒家的传统，而胡宏在回答有人提出孟子、荀子、扬雄等都以善恶言性的看法时说："性也者，天地鬼神之奥也，善不足以言之，况恶乎？"孟子道性善，只不过是"叹美之辞，不与恶对也"。在胡宏看来，性是内在的，深藏而奥妙，不可窥见而难于名状，不是用善和恶的言语能尽其义的。胡宏性无善恶的观点，实际上是反对儒家性的传统等级结构，即不承认在性的问题上圣人凡人有什么区别，更不是董仲舒提出而为韩愈所坚持的性有三品的等级，即圣人之性是先天善的，一般人的性是不好不坏即中性的，而最下等人的性是先天恶的，不可教育的。胡宏认为性没有等级之分，圣人、凡人都一样。"凡天命所有而众人有之者，圣人皆有之。"人皆有情、欲，圣人也一样。圣人和凡人的区别并不是先天性所注定的，而是后天修养上的差异造成的，换言之，圣人能发而中节，即性发为情，圣人能够恰如其分地进行自我调节和控制，使之符合中，而非圣贤之所以被情欲所掣肘，则是在修养上不能做到这点。因此，按人的本质说，人性本中，无善无恶，是善恶辨，以是非分，便是过或不及，这就不是中，不是性之道。这种人性平等论，显然是反对性的传统等级结构论，无疑是具有进步意义的。

再次，在天理人欲问题上，胡宏的见解也是独特的。程朱理学的基本观点是"天理人欲不并立"，天理是绝对排除人欲的，表现出禁欲主义的倾向，而胡宏从性含情出发，把天理人欲统一于性中，由此提出与程朱理学相区别的"天理人欲同体异用"的光辉命题。胡宏反对离开人欲谈理，他认为理和欲本为一体。他说："天理人欲，同体而异用，同行而异情，进修君子，宜深别焉。"根据胡宏的性本论，所谓体即性之体，所谓用即心之用。天理人欲由于同在性中，所以同体，二者本质相同。如果说天理与人欲有区别，不是两者在本质上不同，而在于用上的差别，因此又有"同行异情"，同是天理人欲，由于人主观上的因素，因此同一件事做起来不一样，同一行为所得的结果也不相同。胡宏把人欲与天理同体，其实质是反对视人欲为恶，如果天理是神圣的，那么人欲即人们正当的物质利益追求也是合理的，这种反对禁欲主义的理欲论，在当时确是很难得的。

另外，胡宏理学思想中还表现出唯物主义倾向，如主张道不能离物，即"道不能无物而自道"；主张名不离实，即"有实而后有名者也"，这在哲学上都具有反对正宗理学唯心主义的倾向。上述这些，都体现了胡宏思想的特色，和他的主张在理论上合理性的倾向，为湖湘学派奠立了坚实的理论基础。

（二）湖湘学派的创始人之一——胡寅

胡寅（1098—1156），字明仲，胡安国子。据记载，胡寅少时桀黠难治，家里拿他没有办法，只好把他关在一间房子里。胡寅喜动脑子，把放在房子里的木头一一加以雕刻使之为人像。胡安国对此有所悟，改变了对胡寅的教育方法，把大量的书给胡寅读。他很勤奋，只一年多的工夫就把数千卷书读完了，据说还能背诵。这其中可能有溢美和不切实之辞，但胡寅好学深思却是事实。他宣和进士甲科及第，累官起居郎、知永州、礼部侍郎等职。一生中主要是从政。胡寅少时同其弟胡宏一起受父胡安国的教育，深受家学熏陶，并同胡宏、胡宁兄弟共同参与了宋之后被视为经典的《春秋传》的著述。胡寅生于乱时，金兵不断南侵，宋朝廷节节败退，以致有靖康之祸，徽钦二帝被俘，宋室被迫南迁。虽然如此，但接位的宋高宗不思进取，偏安江左，执掌朝柄的秦桧等畏敌如虎，一味地妥协投降。金兵得寸进尺，步步紧逼，当时天下纷纷，狼烟四起。胡寅自己也几遭战火之难，靖康时，金人陷京师，胡寅亦遭祸劫，他与张浚、赵鼎逃入太学才得以生还。国家的内忧外患，使胡寅对以宋高宗为首的南宋朝廷极为不满，对国家之事极为忧虑，对秦桧等罢战议和深怀其恨。秦桧当权，胡寅不愿与其为伍，辞官不做，乞归湖南衡山家居。有一件事很能说明他对秦桧之流的愤懑。有一次，秦桧党羽刘旦来湖南做官，胡寅正游岳麓山的麓山寺，他闻此消息便在墙壁上大书"是何南海之鳄鱼，来作长沙之鹏鸟"。刘旦本是潮阳人，胡寅借此讥讽刘旦，以示对秦桧之流的不满。刘旦见了墙上所书之语，气急败坏，报告秦桧，胡寅因此落职，二十年不做官。由此亦可看出，胡寅同他弟弟胡宁、胡宏一样，有一身骨气。《宋史》作者特着意于此为他立传，以缕述其社会政治思想。胡寅留下的著作有《裴然集》和《胡致堂崇正辩》等。

胡寅在理学上造诣很高，对理学的主要问题有自己的见解。在理与心的关系上，胡寅的看法同陆王心学有明显区别，他认为理与心是不可分离的，换言之，理与心相即相随，心理合一。他说："圣人心即是理，理即是心，以一贯之，莫能障者。是是非非，曲曲直直，各得其所。"虽然如此，但理与心并不是一个东西，二者之间不能画等号，而且他还指出，理与心的合一不是自然而然实现的，必须通过养心、存心、洗心的修养过程才能达到。在理与心的关系上，胡寅强调只有"正其心"即通过发挥心的作用才能达到理与心的合一。显而易见，在客体与主体的关系上，胡寅是突出了主体的作用。这同朱熹把理绝对化而扼杀主体精神不一致。特别值得一提的是，胡寅生平辟佛最力，《崇正辩序》便是他辟佛的力作。"《崇正辩》何为而作欤？辟佛之邪说也"，他写《崇正辩》就是为了批驳佛教学说。

首先，他同很多宋儒一样，认为佛毁三纲，绝四端。他说："不亲其亲，而名异姓为慈父；不君世主，而拜其师为法王；弃其妻子，而以生续为罪垢，是沦三纲也。"他认为，佛教所宣扬和奉行的那一套都相悖于封建的纲常道德，故此不容。因此他批判佛教既不合人伦，而于世空无，使人离开现实，其为诡术左道。他说："人生物也，佛不言生而言死，人事皆可见也；佛不言显而言幽，人死然后名之曰鬼也；佛不言人而言鬼，人不能免者，常道也；佛不言常而言怪，常道所以然者理也；佛不言理而言幻，生之后死之前，所当尽心也；佛不言此生而言前后生，见闻思议，皆实证也。"如此等等。胡寅直指佛教以世界一切"可以法空"，引导人们离开现实，寄希望于虚无。胡寅的批判虽缺乏理论上的深度且带明显的经验性,然而这种经验性易为广大群众所接受,虽溺佛教但易所悟。

其次,在佛教徒所谓引导善道的问题上,胡寅据实驳其大谬不然。他指出佛教悖于人伦,不可能引人于善道。"道者共由之路也,不仁不义者可由乎?"按照胡寅的说法,佛教徒弃家出世,恰好背离人道,何以善道而言,即以弃家而论。"借使佛之说尽行,人皆无父,则斯民之种,必至殄绝";若是都出世,那么"人皆无君,则争夺屠脍,相残相食,而佛之党亦无以自立矣"。胡寅的批判是有力的。湖湘学子以家国为念,其学术宗旨乃正人心使人奋然而起拯救时艰,胡寅力辟佛说无疑是为此宗旨服务的。

不仅如此,胡寅并不满足于对佛教空言害世的揭露批判,对南宋朝廷腐败和无能的针砭亦不遗余力。他上高宗皇帝的万言书最具有代表性。在此万言书中,胡宏痛陈国失,检讨兴亡,历数弊政,慷慨陈词,可谓披肝沥胆,在湖湘学子中最为突出,凡捧读者都会为之感动。万言书的最大特点是不具浮言,以实论事,对建炎以来的历史进行了认真的总结,述往事以图来者,这就是胡寅总结历史的出发点和归宿。他在万言书中说:"臣闻:孔子曰'成事不说,遂事不谏,既往不咎'。今臣所陈,不免追咎既往者。盖谓建炎以来,有举措大失人心之事,今欲复收人心而图存,则既往之失不可不追,咎不可不改故也。"不讳过失,面对事实,以求前事不忘,后事之师,表现出胡寅的胆略和对前途的信心。此万言书是反映胡寅社会政治思想的代表作,述及问题很广,举其要者则有如下几个方面:

首先,他认为现实是非常严峻的,内忧外患齐至,不可偷安,更不可粉饰。他说:"建立太子,不复归觐宫阙,展省陵寝。斩戮直臣,以杜言路,南巡淮海,偷安岁月,金兵深入陕右,遂破京西而漫不治军。……无辜元元,百万涂地,怨气上格,日昏无光,飞煌蔽天,动以旬月。……军民怨咨,如出一口,存亡之决,近在目前。"胡寅不仅指出形势的严峻,而且历数朝廷失人心的举措十余条。这些失措之处正是胡寅所要力图改变的。

其次,胡宏认为要革除弊政,使国家中兴,关键在于最高统治者效法先王,励图精治。他说:"自古衰亡,固不足道,请以中兴者言之。"为此,他从夏代少康说起,中经周宣王、燕昭王、越王勾践,一直说到汉光武帝,其中心思想便是力劝皇帝要任贤使能，修政事治军旅，奋发刻励。他说"堂堂中华，戎马生之，赫赫帝国，敌骑营之"，都是因为朝廷"号令不行，刑罚不威，而赏爵不劝"，以致有黄潜善、汪伯彦等祸乱朝纲。

再次，在对金战与和的问题上，胡宏主抗战，罢和议。他指出："为陛下画中兴之策，莫大于罢和议。"和是有条件的，"盖和之所以可讲者，两地用兵，势力相敌，利害相当故也"。而现实根本不具备和议的条件，在敌强我弱的情况下言和是不能成功的，若言和则只能是投降。胡寅认为言和是耿南仲、李邦彦等取媚于金人而达到覆邦目的的诡计。胡寅向皇帝陈言："深思远虑，反复计之，所谓乞和必无可成之理。"当局应罢绝和议，刻意讲武，加兵敌国，只有这样，社稷才能保，蒸民才能免于涂炭。

最后，胡寅向当局极言裁汰冗员，改革政体，加强宰相的权力，集权中央。为了整顿吏治，治天下财赋，其中尤以加强"吏部户部为急"，以利百司有职，财权中央控制。在改革政体中，加强宰相权力"急为必要"，选贤黜不肖，赏功罚过，馈饷之权，"自宜专责宰相"，如若汉委萧何，唐委刘晏，国家何患无财，何患人才不用？胡寅认为当时百司庶府，殆为虚设，政治极为腐败，一切唯虚，而不务实，因此要改变这种腐败风气，"则在陛下务实效去虚文"。他以"虚"和"文"对举，详尽地揭露二者之得失。在对金问题上，"遣使乞和，广捐金币，不耻卑辱，冀幸万一者，为孝弟之虚文也"。在选用人才上，朝廷未见贤"姑为礼貌，外示美名者"，此乃虚文也。人君不听忠鲠，不惮佞逆，而以"和颜称善，泛爱其说，合意则喜之，不合则置之，官爵所加，人不以劝"，这种纳谏之虚文，致使奸佞当道，忠良被屈，其虚之害，莫此为甚。

另外，在对待百姓政策上，胡寅认为当局也是徒具虚文，"诏音出于上，虐吏沮于下，诳以出力，自保则调发其丁夫，诱以犒设，赡军则厚敛其钱谷弓材弩料竹箭皮革，凡干涉军需之具，日日征求物物取办，因缘奸弊，民已不堪"。所有这些，都表现朝廷是一切皆虚。胡寅以七虚七实对比的方法，痛陈虚之危害，实之可贵。我们暂且撇开胡寅之言虚当局未必听得进，而言实未必行得通，单就他上述所谓虚文之陈，的确一针见血地揭露了当局的弊端、朝廷的腐败，而其所言之实，在当时确是拯救时艰的良策。对朝廷政治之失陈述如此系统、细致而中肯，在当时极为难见。

在胡寅的万言书中，还提出了予民给养，减轻赋税，加强备战，美教化善风俗方面的建议，其言恳切。而在所有的建议中，胡寅认为必须以拨乱反正为先导。他说："古人称中兴之治者，曰拨乱世反之正。"所谓反正，就是要改弦易辙，要究败亡的原因，革除弊政。诚如他说："反之正者，反易其道，究其败亡之由，尽更而去之，犹反覆手之易也。"有此拨乱反正的决心，今之乱虽甚，"其反正而兴之"，敌人虽强暴，"其亡可待"，反其正而"中国豪杰，因之而起"。事在人为，关键不在问题多少，而在于对此是否有正确的认识和改革的决心。胡寅不是一个悲观论者，而是对前途充满了信心。而所有这一切，诚如上述，胡寅都将希望寄托于最高统治者。"今万化之原，本于陛下。苟力行孝弟，则天下忠顺者来矣。好贤远佞，则天下名节者出矣。赏清白，则贪污者屏矣。崇行义，则奔竞者息矣。旌能实，则谬诞者惩矣。贵忠厚，则贱刻者远矣。"胡寅看不到上述之失归根结底是封建专制制度的产物，是当时社会各种矛盾激化的结果，他过分地相信皇帝，这在一定意义上说，又使胡寅陷于空想的悲剧。但不管怎样，胡寅的爱国思想和不阿权势的品质，深深影响了以后的湖湘学子。湖湘学子民族气节明著，而在为学上都主张经世致用，追本溯源，这与受湖湘学派的创立者们的思想影响是分不开的。

（三）"一时之英才"——吴猎

吴猎（1142—1213），字德夫，号畏斋，湖南醴陵人。吴猎自幼嗜学，十五岁补郡博士弟子员。但在以后的科举考试中，他并不顺利，两次乡举参加吏部的考试，都以落第告终。直到淳熙元年（1174），吴猎得湖南安抚史刘珙等人举选，于次年春参加南宫考试，选为射策廷中，赐同进士出身，授静江府教授兼节度推官，从事郎。庆元元年（1195），宋宁宗即位，吴猎被选为校书郎，除监察御史，他因感庆元党禁不平屡言直谏，为宁宗不喜而罢官。庆元五年（1199），庆元党禁有所松弛，故复官奉祠。嘉泰三年（1203），复取为广西转运判官，改知鄂州，寻以户部员外郎总领湖广、江西、京西财赋。在开禧年间的北伐战争中，吴猎以荆湖北路安抚司"节制本路兵马"。嘉定六年（1213），吴猎病逝，终年七十一岁，卒后谥文阁直学士。

南宋乾道初年，吴猎入学岳麓书院，从张栻学。吴猎早闻张栻的为人，他的父亲曾是张栻之父张浚的学生，由于这种关系，他认识和了解张栻，因慕张栻的道德文章，遂拜张栻为师。张栻有感吴猎学问纯正，才气过人，因而大喜道："吾道其不孤矣。"吴猎为张栻之高足，曾任岳麓书院的堂长，成为岳麓之巨子，为湖湘学派的重要传人之一。

吴猎师承张栻，颇受张栻思想的影响。张栻兴学岳麓，办学宗旨为"成就人才，以传斯道而济斯民也"，反对学校作为科举的附庸，为学不应以文辞章句为是，而应以求仁为务。张栻特别强调仁，他说："仁，人心也，率性立命，知天下而宰万物者也。"若不以仁教育和培养生徒，而教育犹之乎没有灵魂。张栻的这种教育主张深为吴猎服膺。他也说："圣贤教人，无先于求仁。自秦汉以来，学者失其传。"为了阐明他所谓被湮灭的仁之大义，吴猎将孔子及其弟子论仁的问答，以及周敦颐、程颐、程颢等有关仁的论述详加搜集，萃类疏析，求正于老师张栻。张栻以为吴得之学旨，颇为器重，进而"授以大义，勉以体察"。吴猎学承师教，深恶迂儒章句之陋，而施于经纶之大为志，这正如全祖望所说："有得于宣公求仁之学而施之于经纶之大者，非区区迂儒章句之陋。"吴猎一生虽志不在学术，而在仕宦中度过，但岳麓书院经世致用的学风和爱国主义传统对他以后从政治国产生了很大影响。吴猎虽为偏安江南的南宋朝廷属下，但他对南宋朝廷苟且偷安的统治很愤懑，表现了他反对金人侵略的爱国立场，表现了他对屡遭战火蹂躏的人民的同情，其政绩颇著。《宋史》作者为之作传，并称他为"一时之英才"。现将其政绩简叙于下：

第一，体察民情，救民于水火。金人发动的侵略战争，连年不休，对人民生产生活造成了极大的破坏。南宋王朝为了取得一时之偷安，不惜搜刮民脂民膏以供奉金人。人民财政徭役负担之重达到了空前的程度，引起了严重的社会动荡。吴猎深谙"民为邦本，本固邦宁"的道理，因此他把减轻人民疾苦作为从政的重要活动之一。淳熙十五年（1188），吴猎在湖南安抚使潘畴幕府任职时，恰值郴州、桂阳出现大饥荒，广大人民为饥饿所困。吴猎积极协助潘畴赈济灾民，"取南丰曾公法，率五日计口授粜，惠洽而民不劳，又请发常平金贷下农"。由于措施得力，人民得免于难。嘉定元年（1208），吴猎在四川安抚史兼知成都府任上时，深感农民赋敛沉重，因而奏言朝廷说："窃惟蜀之利病，莫甚于赋敛。"并对朝廷报陈蠲减赋敛的迫切性和必要性。他说："方军事之殷，非财莫济。顾以蠲减之议为献，似亦不知时义者。愿庙堂之上，明诏侍郎省之臣，有恳恻爱民之心备谙蜀事者，相与讨论，来上然后行下宣制总司，研究节目条列利病。凡无名之供，烦重之赋，一切蠲减，庶几与民更始，咸被实德，祈天永命，无越于斯言。"吴猎以民生疾苦为念，人民亦对他报之以爱戴。

第二，罢和议，主抗战。对金的侵略是妥协投降还是力主抗战，这是南宋朝廷所面临的一个重大问题。南宋的最高统治者对金人采取一味的迁就，早把靖康之耻忘得一干二净。面对这种形势，吴猎深怀不满，他指出："以偷安为和平，以不事事为安静。天经地义，陷溺而不自知，竭州县之力，以养不耕不战之军。"他急切要求改变这种"直把杭州作汴州"的局面，唤起吏员起来抗战，要像历史上勾践之报吴、田单之复齐一样，图复中原。开禧年间，韩侂胄组织收复中原的北伐战争，这就是历史上有名的开禧北伐。吴猎当时身任户部郎总领京湖财赋，兼任荆湖北路安抚司，总领中路的备战工作。据《宋史》本传记载，吴猎尽职尽责，一方面"贻书当路，请号召义士保边场，刺子弟以补军实"，另一方面，"选试良家子以卫府库"。他以保障八十万担军粮的运输，为战争做了充分的物资准备。他还在军事上做了相应的部署和准备，具体言之，在中路的东、西部进行了兵力的周密部署。战争开始后，他以湖北路安抚司"节制本路兵马"，亲临前线指挥战斗。金人凭借他们军强气盛，兵围襄阳、德安，接着又兵进竞陵，局势相当危急，但吴猎临危不惧，指挥若定，驱兵相拒，取得了中路西部战区战争的胜利。虽然整个开禧北伐以失败告终，而吴猎所指挥的战区却取得了重大胜利，这说明吴猎不但有爱国热忱，而且有军事家的指挥才能。

第三，仗义直谏，激流勇进。南宋朝廷是个相当腐败的政府，庸臣当道，忠良不得引进，很多忧患之士不愿为南宋朝廷效命，像著名学者陈傅良便求辞职而去。吴猎对此一方面深以为然，另一方面又感国势危难，正待用人。两者权衡，他以为不应逃避现实，而应挺身而出做干国良臣。吴猎出于忠实宋王朝的立场，贻书陈傅良说："今天下安危之机，乃判然可见矣，而未闻有叩头流血，牵裾折槛之士。方且曰：是不宜激，激则已甚。公不于此时有所奋发，为士大夫倡，第洁身而去，不欲归过君父。然则身虽退而奚益。"在吴猎的忠言劝说下，陈傅良"改容谢之"，放弃了隐世的打算。吴猎激流勇进，并不是要与当时的奸佞同流合污，而是要整治吏弊，做骨鲠之臣，于君于臣凡有过失，必须仗义直言。庆元年间，韩侂胄搞庆元党禁，很多理学家受牵连，当时朝野慑于韩侂胄的权势都不敢讲话，唯独吴猎抱不平，站出来说话，上疏朝廷说："陛下临御未数月，今日出一纸去宰相，明日出一纸去谏臣，昨又闻侍讲朱熹遽以御札畀祠，中外惶骇，谓事不出于中书，是谓乱政。"虽然吴猎由于直谏而被罢官，但他仗义执言的精神是很难得的。

第四，兴办教育，关心学术。吴猎虽居官从政，但不忘教育和学术，并以此作为他政事活动的重要内容之一。虽然公务繁重，但他分身亲自主教和讲学。他任广西路转运判官时，曾"寻宣公旧规，修校官，辟漕司酒库，以为桂林精舍，与同志共学焉"。他在四川安抚使任上时，也把教育当作重要的政治活动对待，提示朱熹白鹿洞学规，在学校中祭祀周敦颐、二程、朱熹和张栻。在吴猎倡学之下，"蜀士学于成都者，春秋试率数千人，弟子员五百余"，影响极大。

（四）忠鲠之臣——彭龟年

彭龟年（1142—1206），字子寿，号止堂，江西清江人。七岁而孤，事母尽孝，性颖异，读书能解大义。及长，得程氏《伊川易传》，为书所吸引乃至废寝忘餐。乾道初年，张栻主教岳麓，彭龟年从张栻学，为张栻高足之一。乾道五年（1169）登进士第，授袁州宜春尉，吉州安福丞。受郑侨、张构同荐，除太学博士殿中侍御史。以后，屡官中书舍人，吏部侍郎兼侍读，以宝谟阁待制致仕，开禧二年（1206）卒，年六十五，谥忠肃。留有《止堂文集》十八卷。

彭龟年虽一生主要在官任上，但他也是湖湘学的重要传人之一。史称他学识正大，议论简直，善恶是非，辨析甚严。他在学术思想上颇受张栻仁论的影响，志道依仁，一生孝悌谨信。魏了翁在叙述彭龟年学旨时说："公始读程子《易传》，知为学之要，又从朱张子问辩讲切，而学益成。繇是尊闻行知，造次理道。居而训子孙淑朋类，必孝弟谨信，志道依仁也。"彭龟年跟吴猎一样，认为圣贤教人乃在求仁。张栻把仁看作是书院教育的灵魂，舍此人心不立，性命不立，这在彭龟年身上体现得非常明显。彭龟年深服理学，理学虽遭在庆元党禁中被斥为"伪学"，但彭龟年大不以此为然，在士大夫都不敢言理学的情况下，而他反其道而行之，"于关、洛书益加涵泳"。他甚至不惜冒风险屡言韩侂胄奸，以致坐落职而罢官。彭龟年对老师张栻极其推崇，崇张栻是周、程"圣道"的真正继承人。他在《挽张南轩先生八首》中称：

世无邹孟氏，圣道危于丝。
学者迷统绪，扰扰徒外驰。
况有释老辈，窃窥如鬼魅。
苦彼疑似说，陷我高明资。
伟然周与程，振手而一麾。
源流虽未远，清浊亦已随。
公如一阳复，寒烈已可知。
斯文续以传，岁晚非公谁。
伤哉后来者，此世亡此师。

关于周敦颐、二程之学是孟轲道统的扬起者和继承者，这是包括张栻在内的当时理学家的共同看法，但把张栻的理学思想视为周、程道统的正传，却是彭龟年首先提出的。这个提法对后世产生了较大影响，以至清乾隆皇帝赐额岳麓书院曰"道南正脉"，"道南正脉"其渊源实出如此。

义利之辨是张栻理学思想的要点之一，彭龟年亦不例外，对王霸义利辨析甚微，在一定意义上，这是彭龟年学术思想体系的主轴。他说："王霸之分，虽不过公私两字，亦要人别得分明。……辨王霸，无如孟子。孟子曰：以德行仁者王，以力假仁者霸。以德行仁者，无所为而然也；以力假仁者，有所为而然也。"彭龟年虽然在王霸之辨上承孟说，但以公和私，特别是把"无所为而然也"和"有所为而然也"作为王霸区分的标准，则是来自张栻思想的影响。他同样也以此作为区别义和利的标准。他说："何谓利？曰：不出于吾心之诚，然而有为为之者是已。"此处的诚相当于性,这也来自张栻的思想。张栻曾说:"无所为而然者,性情之正乃所谓善也。若有以使之则为不善。"彭龟年所谓的义是无所为而然者,意即义是内在的道德信念,作为静止的、潜在的诚是义,利是有为即变动中产生的,是种外在的东西。由此可见,彭龟年的王霸义利之辨是建立在性论基础上的,当然,人不与社会发生联系,不与人交往则不会产生利,因此说利是有为为之者也,有某种合理性。但说义是"无所为而然者"则是不正确的。义同样只能把人居于社会关系中才有意义。吴猎强调无为为义,实际上是要求人们从内心实行自律,只有从内心中排除一切外在的干扰才能做到义。这是理学家们在道德修养上的共同主张。不过,彭龟年也同湖湘学子一样,并不否认人欲存在的合理性。他说:"人谁无欲?多欲即昏。"他并不像程朱理学一样,对人欲一概取否定态度。他并不认为欲的存在不合理,而是反对多欲。凡是有利于天下的利,不仅不能反对,而且要加以肯定和取用。他说:"然则天下之利,取之有名,用之有道,虽忧世之君子亦不之责欤!"《宋元学案》说彭龟年关于王霸义利辨是"亦非迂谈道学者也",在一定意义上看,这个评价是正确的。

在彭龟年一生中,他的主要活动和精力是放在政治方面。彭龟年虽官居高位,但对人民的作用有一定认识的。他提出了"民,国之本"的光辉命题。他在实际为政中确实采取了某些有利于民的政策和措施,"罢和籴以平米价,罢沙市官买之敝,治牙侩以宽商旅,撙浮费以除鱼湖之输",这是有利于安定民心的措施。不仅如此,他任安福县丞时,针对户籍混乱和赋税不均的状况,亲自进行检查和决定对策。"别其老病强弱之丁,士农工贾之业,租税有无多寡之数,调夫既均,后有赈贷,按籍立办。"这些措施曾使"民间欢服",也为后任者所效法。

宋宁宗曾诏说彭龟年"忠鲠可嘉",事实的确如此,彭龟年曾以敢言震动朝野。在高度集权于皇帝的宋王朝,皇帝品格如何,确实对政局稳定有很大的影响。虽然寄希望于"圣君贤相"是不对的,因为政治的得失和治乱兴衰归根到底要从社会根源中去探究,但对集权于一身的皇帝的过失弹劾也是非常必要的,这在专制的封建社会中也是难以做到的,没有冒死犯颜的精神是不可能弹劾皇帝的。彭龟年确具有这种骨气,他针对宋光宗近小人、远君子和忠佞不分,上表直谏说："人主无职事，惟以辨君子小人为职，于君子小人不能辨，则人主之职废矣。"不仅如此，他对皇帝不崇实、尚虚文而以欺天下极为不满，上疏直谏说："臣闻君道尚实，君道实则天下安矣，君道不实则天下危矣。……故臣区区欲望陛下自兹以往，出一言必求其信，行一事必责其效，毋使人谓徒事虚文，以欺天下。"

宋朝是中国封建社会经济较为发达的时期，城市人口急剧增加，但随着经济发展与繁荣，统治阶级的物质生活欲望越来越高，皇帝追求穷奢极欲的生活是种普遍的状况。宋代理学家一再于天理与人欲之辨，企图以天理遏制人欲，也是基于这种历史背景。彭龟年深谙理学，因此对光宗和宁宗为了满足自己享受，不惜搜刮民脂民膏大兴土木是极为不满的。当时宋光宗禅位给宁宗，但让位不让宫，仍住泰安宫，而宋宁宗为示一帝之尊，拟另造泰安宫。彭龟年闻此之后，犯颜力谏，上奏说："古人披荆棘立朝廷，尚可布政出令，况重华一宫岂为不足哉？"彭龟年一生以规谏为志，向宋光宗上奏说："臣所居之官，以记注人君言动为职。"其所谏内容从皇帝的政治得失、品格至学习等方面无不涉及。例如宋宁宗以为多读书可免怠慢，而彭龟年则奏说："人君之学，与书生异，惟能虚心受谏，迁善改过，乃圣学中第一事，岂在多哉？"尤其难得的是，彭龟年不只是直谏了事，而求直谏之反馈，如不从行，死谏不休。例如绍熙五年（1194），寿皇不豫，疾寝革，龟年三次疏请不获，但他并不罢手，上朝不离班位，伏地叩额，久久不起，以致额破血流，血渍瓮甓，光宗终为他的忠直所动。彭龟年忠直规谏事迹垂之青史，屡被史家称道。清代岳麓书院山长欧阳守道述书院先贤时赞叹说："嗟乎！公当绍熙庆元间，所论谏本仁义，至今柄如丹书，愠于群小。"

（五）开禧北伐功臣——赵方

赵方，字彦直，湖南衡山人，早年从张栻学，为张栻高足之一，也是湖湘学派之巨子。据虞道园的《神道碑》说："所闻不下于德夫氏，而克以学问任大事，赫然树勋业于当时则过之矣。"

赵方家与张栻家早有交往，赵方的父亲赵棠与张栻早年均师学衡山胡宏，同是胡子门生。赵棠感慕张浚之为人，张浚亦喜赵棠之子赵方之才德，有意栽培，因而命子张栻与之交往，赵方遂从张栻学。由于他用心于学，因此成为岳麓诸生中的佼佼者。淳熙八年（1181），赵方登进士第，历任蒲圻县尉、知青阳县、知襄阳府等职，病逝后，追赠银青光禄大夫，累赠太师，谥忠肃。

据说赵方走上仕宦之途曾得到著名词人辛弃疾的提携。据《宋史》记载，辛帅长沙时，"阅《礼记》卷，弃疾曰：'观其议论，必豪杰士也，此不可失。'启之，乃赵方也"。赵方一生志不在学术，而在康艰时济，因此他的成就主要在政治和军事活动方面。赵方除了在政治上主张对人民不要强征，应重安抚，在刑罚中要重教化，尤其在南宋朝廷面临的最棘手的问题，即如何应对金的军事侵略的问题上，表现了他的爱国热忱和军事才能，其勋业垂见丹青。宋宁宗时，赵方知襄阳府，金兵蠢蠢欲动，意欲南侵。对此，朝廷和战不定，情况十分危急。赵方坚决主张进行反侵略战争。襄阳处于抗金前线，他作为襄阳的守宰，责任重大。他一方面下令做好防备，一方面亲往襄阳上疏主战。启程时他特别把自己的抗金决心示告两个儿子，言说："朝廷和战之说未定，观此益乱人意，吾策决矣，惟有提兵临边决战以报国耳。"在赵方和当时所有主战派的坚请下，朝廷迫不得已才采主战而罢和议，赵方主战的坚决主张，对促成开禧北伐起了相当大的作用。

"以学问任大事"的赵方，在开禧、嘉定年间进行的抗金战争中，战功卓著，不仅大败完颜赛布率领的十万金兵，而且生擒主帅的妻弟，获枣阳之胜。另外，他坚守城池，采取袭敌后和全师会攻的战略战术，杀敌三万，骄横不可一世的主帅讹可单骑狼狈逃遁，宋军再获枣阳之捷。赵方还出奇兵偷袭邓唐，回兵蕲黄，斩金国枢密完颜小驴于唐城，擒监军合答于灵山，战果辉煌，大大鼓舞了抗金的斗志。赵方帅边十年，以战为守，唯其领导的抗金中路战场立于不败地位，而其他两路屡战屡败。仅此而言，赵方确是抗金的有功之臣。

赵方在军事思想方面，也有他的独到之处。其一，他提出了"合官兵民为一体"的主张。他认为旷日持久地对金作战，仅靠官军是不行的，还必须广泛动员民众参加抗战。兵以民为本，兵员的补充和粮草的供给等，都有赖于民的支持，特别是民心的向背直接影响军心，因此没有民众参加抗战，战争是不能取到胜利的。有鉴于此，所以赵方积极组织"民兵"。这种民兵组织是准军事性化的，平时从事耕种,战时参战。在他的努力下,到处是兵营,筑起了抗金的铜墙铁壁,这是他取得反金战争胜利的重要原因。其二,赵方提出军事上要细心策划,不打无准备之仗。在枣阳之战前,赵方认真谋划,一方面加强训练军队,另一方面为了抑制金兵马队之长,发动军民修筑"三海八匮",在荆门东西两山险要处"筑堡增戍",过去驰骋平川不可遏挡的金兵马队到此无逞其能,马队的优势变成了劣势,从而大败。其三,赵方提出军事家必须镇定自若,临危不惧。第二次枣阳之战时,金兵进逼城下,轮番攻城,形势十分危急。赵方身为主将,对此镇定自若,一方面坚守城池作死守之态,吸引金兵重围,另一方面偷偷在金兵后方运动兵力,出奇兵打击敌之后方,致使金兵遭内外夹攻,既解枣阳之围,又达到歼敌的结果。金兵折兵损将,弃甲丢盔,遭致大败。当时在军事实力对比上,金处强势而宋处弱势,而此次战役居然以弱胜强,确与赵方正确的运筹谋划有很大的关系。

赵方虽出身儒生,但很用心于军事的研究,并把此作为经世致用的大事对待。这种事功之学,正是湖湘学与正宗理学相离异的一个重要方面,张栻也早有这个主张。张栻说:"盖君子于天下之事,无所不当究,况于兵者,世之兴废生民之大本存焉,其可忽而不讲哉?"张栻本人不但谙于军事上的"法度纪律,机谋权变",而且也以"晓畅军物"著称,湖南安抚史刘珙曾以此荐举他于朝廷。赵方学承师教,研讨军事,以全力抗金报国,虽有病在身,但仍力疾犒师,鼓励部将协心报国,贻书宰相,与论疆场大计。赵方的行为虽出于维护宋王朝统治的目的,但他反对金发动的非正义战争是符合人心、顺乎历史的,其功不可磨灭。

(六)锐志当世的游九言、游九功兄弟

游九言,字诚之,一字讷夫,初名九思。福建建阳人,湖南参议官游汕之次子。从张栻学,与弟弟游九功同为张栻门生,为湖湘学派巨子,列《岳麓诸儒学案》。游九言曾以进士第一,官古田尉、入监文思院,寻知光化,任淮西安抚机宜,充荆鄂宣抚参谋官,未行而卒,端平年间赠直龙图阁,谥文靖。著有《汉唐精义》《诸录诗文》传世,留有《默斋遗稿》,学者称默斋先生。

游九言生在乱世,自幼有报国之心。史称他慷慨善议论,十岁时即为文诋

秦桧，以抨击秦桧内谗忠良、外事敌如父的丑径。游九言"锐志当世，熟南北事"，在南宋王朝对金战与和的问题上是主战派，对南宋与金国的政治军事形势颇通晓。在对人民的态度上，他关心民瘼，人称"律己严，莅事敬，抚民仁，邑人爱之"。张栻深爱其才德，不仅亲自教诲学术，而且他在帅广西时将其召在幕下。以后张栻的弟弟张枃帅金陵时，又将游九言召在幕府。但在游九言一生中，受张栻影响最深的是学术，他作为湖湘学派重要传人之一，把张栻之学传于四川，《宋元学案》作者为述其此事，特为列《二江学案》。

据《宋元学案·岳麓诸儒学案》记载，游九言对张栻的心性哲学最有心得，"先生始学于宣公，宣公教以求放心，久之有得"。心为湖湘学派的一个重要范畴，游九言对其亦多有阐发。他说："盖心者，一身之主也，四肢五官，心之役也。"把心说成是五官四肢的主宰，心的功能在于指挥全身之活动，这种心已不是哲学上思辨的心，相当于人的思维器官，相当于大脑的神经中枢，这是张栻所未说过的，以此论心无疑有它的合理价值。但他把心引申到解释人的心理状态和心性关系时，却把心引到了哲学的思辨。他说："余闻之，人之一心，明彻精粹，纤翳不留，其好善恶恶，无所为而然者，良心也。及长而交于外物，则诱而昏之，利心一萌，虽为善亦人欲耳。"人是社会的人，人有物质和精神上的需要，所以人要做到"无所为而然者"是根本不可能的，根本不存在隔绝外物而与外物无缘的"良心"。而良心有否，不在于"交于外物"，而在于与世事交往接触中能否自律和自控。但是，游九言认为利即欲从外物诱而生之却有一定道理。人不与社会发生关系，不涉及物质利益的关系，当然不会发生利欲的问题。游九言很赞赏司马迁所言"天下攘攘，皆为利往"。他承认自己于仕宦之途，也"不过利微禄耳，奔走于马尘车辙之间"。正是因为如此，湖湘学派的始祖胡宏、代表人物张栻等均以人欲出于性，而不能像程朱一样把人欲排除在性之外，视人欲天理不两立。但湖湘学派认为对人欲的追求不可不加限制，恶是对人欲追求不加遏止的结果，而善正是从遏止人欲中得到体现。在这种说法中，也存在着明显的矛盾，一方面说性是先验的善，另一方面又认为欲在性中。从性而论，人人都有出现善和恶两种可能，圣贤也不例外，这当然是对儒家性的先天等级结构的否定，也是为他们主敬、存心等修养主张提供理论根据，由强调主敬、存心、求放心，最后掉入了返本良心即"无所为而然者"的唯心主义的泥沼。游九言也是这样，他说："是以先儒教人寡其物欲，澄其思虑，号为主敬。主敬者，此心常存不驰骛于外是也。虽不驰骛，而防闲抑遏，复不可过，过则心中多事不得其正。"但是，游九言与张栻有所不同，他不仅是把心看作性之用，认为正性必须正心，而且他把心扩大为天命之本即宇宙的本体，其心实际上相当于胡宏的性。游九言反复强调："夫人之一心，清明完具，无纤毫翳蚀，此天命之本。"所以识心也便是识道，"识心之体，是谓知道"。从心赋有绝对精神的天命之本的含义来看，其说颇接近陆王心说，而与程朱理学显然相异。如果说湖湘学派是正宗的程朱理学向陆王心学过渡的桥梁和重要环节，那么游九言的心说体现得尤为明显。

不仅如此，游九言为了构成以心为主宰的天人合一模式，进一步把心释为太极。他为周敦颐的《太极图》作序时说："周子以无极加太极，何也？方其寂然无思万善未发，是无极也。虽云未发，而此心昭然，灵源不昧，是太极也。欲知太极，先识吾心。"依据理学家的一般看法，未发为性，已发为情，而游九言则认为不管已发未发，"此心昭然，灵源不昧"，因此心可说是无极，也可说是太极，但似乎心更比太极深一层，更接近于无极，所以他说"欲知太极，先识吾心"。本来，周敦颐的《太极图说》是种宇宙生成模式论，以说明宇宙的生成和万物的化生变化，而游九言把太极图说纳入他的心性哲学范畴，对太极作心性的解释，这也是他不同于老师张栻之处，为朱熹所厚非。朱熹说游九言"强敏可喜，而忮狠之根不除，又计较世俗利害太切切，恐不免上蔡鹦鹉之讥耳"。

总之，游九言虽对心进行了多方的论述，概括起来基本上有三层含义：第一，"四肢五官，心之役也"，心相当于人的思维器官；第二，"无所为而然者，良心也"，心是先天的道德原则；第三，夫人之一心，乃"天命之本"，心既是道，又是太极，具有宇宙本体的意义。

从总体上看，游九言不意谈理，亦不大谈性，而着意于心，史称他于心学久之有得，这是正确的。游九言是以锐志当世为职，因此论心无非是对人的主体精神作用的特别强调，这是他与正宗理学相离异的突出特点。

游九言有弟子刘宰，为南宋著名学者，是湖湘学派的传人，被全祖望称为

"南轩再转"。

游九功,号受斋,字勉之,又字禹成,游九言之弟。以荫补官,累迁咸宁令,充荆鄂宣抚司。嘉定年间,游九功知金州,抗金有功,除湖北运判兼知鄂州,入为兵部郎。端平初,召为司农少卿,因他上疏直言弹劾奸贪,又言边关夫役之弊,为朝廷所纳,故加兼枢密副都丞。后知庆元府,由于为官廉洁,以循吏称,入权刑部侍郎。年八十一卒,谥文清,或庄简。著《受斋集》,但书已遗佚不存,故无可考。

游九功与游九言,既是兄弟又为各自师友,情谊甚笃。同受业于张栻门下。《宋元学案·岳麓诸儒学案》说:"默斋兄弟,并为张栻湖湘高弟。"游九功与其兄九言"自为师友,讲明理学"。关于他的学术思想材料,由于其著作不存,所以材料极少。但从《宋元学案》和《建阳县志》所遗存的材料可以看出,游九功一生主要是从事政治活动。他在家十五年,讲明理学,从事学术活动。《建阳县志》说:"讲明理学,里居十五年,称为海内耆英,平生真体实践,一出于诚意,故及门之士皆心服之称。"游九功虽学术著作不存,但他同兄九言一样,锐志当世,其政治活动方面还保留了一些材料。

首先,在金国南侵的问题上,游九功是主战派,而且熟谙军事。嘉定中,北伐失利,他这时知金州,金州地处战事前沿,由于主和派的影响,整个金州根本无防备,没有城墙固守。游九功为抗击金的侵略,修筑金州城墙,"以便将兵备御,卒以收复邻疆"。北伐虽败,但游九功却在金州取得了抗金的胜利,因而升迁为兵部郎。尤其值得一提的是,在抗金的战争中,游九功主张"首言守边必先结人心",他向宁宗奏曰:"征役无已,以资苞苴囊橐而民心失;将帅胺削,功赏不以时下而军心失;倚重谀妄,讳疾忌医而士大夫之心失。"这就是说,抗金守边,必须人心一致,军心、民心、将心、兵心必须结成一体,同仇敌忾,才能制敌。从另一方面说,他认为宋军之败就在于不结人心。因此,他要求改革不利于团结人心的一切政治上和军事上的弊端。

其次,从抗金大局出发,游九功对南宋朝廷苟且偷安而奸贪横行的腐败现状甚为不满,屡上疏直谏。《宋元学案》说他"论奸贪多佚罚,诸贤或号召未至,又论沿边夫役之弊"。游九功作为一个儒臣,真体实践,史称他"清慎廉恪",

而"以循吏称"。虽然其志也在效忠朝廷，忠于宋王朝，但他看到了时政的弊端，力求改革并身体力行，这比"直把杭州作汴州"、沉缅于歌舞升平的朝臣，自然高出许多。忧国忧民和以匡济时艰为志的湖湘学派的传统，在游九功身上同样体现得十分明显。

（七）"光于世学"的张忠恕

张忠恕，字行父，张栻弟张枃之子。以祖任官，知澧州籍田令，知鄂州，任户部右曹郎，以直秘阁知赣州，绍定三年（1230）卒，终年五十七岁。

张忠恕出身书香世家，又是将门之后，自幼受家学熏陶，为湖湘学派巨子，曾在岳麓书院讲学，又是湖湘学派之传人。对于张忠恕的学术，《宋元学案》早有定评，称："中兴四大儒（指朱熹、张栻、吕祖谦、陆九渊）之后，先生最有光于世学。"可惜，张忠恕的著作遗佚不传，其学术思想亦不得其详。

根据《宋元学案·南轩学案》所记载的材料来看，张忠恕身在宦途，颇有政声，在改革弊政和对金主战这两个问题上同他的伯父张栻主张相同，而且其志也极其酷似。如在朝廷用什么人的问题上，他引张栻奏言孝宗之语而上表理宗说："当求晓事之臣，不求办事之臣；欲求伏节死义之臣，必求犯颜敢谏之臣。"本来，求办事之人已不易，但比较起来，晓事之人更重要，特别是南宋偏安一隅，要图振兴，统一中原，正是缺少晓事之人，所以总是和战不定，决策犹疑，屡误国家大事。同样，在南宋朝廷，伏节死义之臣几近于无，所以镇不住朝廷，举不起纲纪。虽然张栻提出此论在孝宗时，但在宋理宗时情形仍是一样。张忠恕不仅以此奏言理宗，且自己便以晓事之臣和伏节死义之臣为志。

不满南宋偏安现实，力求改革弊政，以图中华之振兴，几乎是湖湘学派学子一致的主张和志向，而且他们口言行实，各有表现。张忠恕同样也不例外。首先，他对南宋朝廷贤愚不分、赏罚不明，多有奏说。如在宁宗时，他直言朝廷必须"进贤退不肖，赏功罚罪"，由于其言切中时弊而为宁宗所纳。其次，他认为必须改变选拔官吏的办法，极言"荐举科之弊，互送苞苴之弊"，对此如若不加改变，其结果则必然是"苛敛虐征，贿讼粥狱，剽夺民产，势所不免"，表现出他拯救时艰的决心。张忠恕认为要改革时政弊端，首先要整肃朝纲。他主张"肃纲纪以示观听，申宪度以警贪偷"，朝纲不振之患，必致亡国之祸。宋理宗即位，下诏求言，张忠恕以五千言对，上至朝政，下至民生，全面地向皇帝呈述了他的认识和主张，其中特别对官场之腐败气息直言不讳。他说："士习日异，民生益艰。第宅之丽，声伎之美，服用之侈，馈遗之珍，向来宗戚阉官犹或间见，今缙绅士大夫殆过之。公家之财，视为己物。荐举狱讼，军伎吏役，僧道富民，凡可以得贿者无不为也。至其避讥媒进，往往分献厥余。欲基本之不摇，殆却行而求前也。"由于其疏不加粉饰，句句有实，所以疏入之后，震动朝野，互为传诵，争相抄录。

特别值得一提的是，张忠恕不以天子为神偶，他认为皇帝同庶人一样，必须加强自己的道德修养。宋理宗即位时，从官曹简父、陈正父、乔寿朋为侍讲，三人轮流上殿讲学理宗，屡说"天子之学和士大夫不同"。张忠恕对此大不以为然，著文反驳。他以《大学》为据，指出天子之学和士庶一样。他说："天子之学，正与士大夫一同。《大学》云：自天子至于庶人，一是皆以修身为本。盖自致知格物诚意正心，为修身之本，齐家治国平天下，为修身之用。天子至于庶人一也。"皇帝与士庶其学皆同，这是对将天子视为神偶的否定，也是对董仲舒的性三品先天等级结构的否定，圣人与庶民一样都必须进行道德修养和道德教育。这种论点实际上也来自张栻。张栻认为无论圣人、凡人其性皆同，并以此为据，屡以修身为学规谏孝宗皇帝。这种道德修养和道德教育上不存在例外的思想为张忠恕所接受，所以南宋著名思想家魏了翁感叹道："毕竟是张氏子弟，有真传也。"

虽然张忠恕认为天子之学与士庶相同的主张为不少时人所称赞，以至于名流无不倾心，纷纷求见，但他的这种议论毕竟有碍皇帝神化，因而亦遭人忌恨，受人排挤。这种主张在高度集权的宋王朝是根本行不通的，张忠恕终于以朋比而罢归。他回到湖南，承伯父张栻之志，在岳麓书院讲授张栻之学，宣扬湖湘学统，史称"益求为己之功，志益厉。士之出湖湘者，皆从之游"。

第十章 张栻湖湘学与朱熹闽学

以朱熹为代表的闽学是与湖湘学、婺学并列的极其重要的地域学派,它在中国封建社会后期占有正宗思想的地位。朱熹的闽学和张栻的湖湘学之间有着十分密切的学术联系。论学术渊源,他们的理学思想都源于北宋的二程之学。朱张二人的学术思想十分相契,也是最密切的道友。但作为两个相对独立的学派,双方又有许多不同的观点和见解,对理学各个方面的问题曾发生了激烈的论战。在《朱文公文集》《朱子语类》《南轩文集》中,有大量学术论争的记录。因此,朱张二人又是学术上的论敌。本章试图从道友关系、论敌关系两个方面,论述湖湘学派与朱熹闽学之间的关系,进一层探究湖湘学派在理学中的地位和特征。

一、"同归而一致"的道友

朱熹和张栻在学术上,首先是一种道友关系。他们都是二程之学的四传弟子,理学思想十分接近。共同的思想基础构成了他们这种亲密的道友关系。在朱熹的一生中,无论是在与张栻进行学术交往的时候,还是在张栻逝世以后,都把张栻看作最相契的学友。朱熹在同张栻的长期交往与接触中,曾就理学中诸多重大问题与张栻进行过讨论,并深叹张栻学问之宏大。乾道三年(1167),朱熹和张栻就"《中庸》之义"会讲于长沙岳麓书院,讨论十分热烈。朱熹深受教益,因而感叹说:"此月八日抵长沙,今半月矣。荷敬夫爱予甚笃,相与讲明其所未闻,日有问学之益,至幸至幸!敬夫学问愈高,所见卓然,议论出人意表。近读其语说,不觉胸中洒然,诚可叹服。"朱熹如此夸奖张栻的学术,说明他们交谊甚笃,更重要的则反映了他们在建构和理学的一些基本问题上的契合。尤其值得重视的是,淳熙七年(1180)张栻卒于江陵府时,朱熹亲自为张栻撰写了两篇祭文,对双方在学术上的交往进行了全面的总结。他写道:

> 我昔求道,未获其友,蔽莫予开,吝莫予剖。盖自从公,而观于大业之规模,察彼群言之纷纠,于是相与切磋以究之,而又相励以死守也。(《祭张敬夫殿撰文》)

> 惟我之与兄吻,志同而心契,或面讲而未穷,又书传而不置。盖有我之

所是，而兄以为非，亦有兄之所然，而我之所议；又有始所共乡，而终悟其偏，亦有早所同挤，而晚得其味。盖缴纷往反者几十余年，末乃同归而一致。（《又祭张敬夫殿撰文》）

朱熹虽然承认和张栻在学术上有不同之处，但却充分肯定他们"相励以死守""同归而一致"的道友关系。在南宋乾道、淳熙年间的理学大盛之时，朱熹和当时的各家各派都有一些学术上的联系和交往，并各有褒贬，但他唯独对湖湘学派的张栻十分推崇和尊重。

那么朱熹和张栻在学术上有哪些共同点呢？或者说他们具有的共同思想基础的基本内容是什么？大体说来，有以下两个方面：

（一）共同的学术背景和思想渊源

朱熹和张栻的主要学术活动是在南宋乾道、淳熙年间，在此期间理学思想发展具有这样一个特点：继承、综合北宋理学各派创立的思想成果，将理学思想发展推向一个新的阶段——理学集大成阶段。诚如侯外庐《宋明理学史》中所概括的那样："著名的理学家人才辈出，而且出现了像朱熹、张栻、吕祖谦、陆九渊那样十分重要的理学家。理学的许多重要派别，也形成于此时，并得到了发展。理学家之间的讨论、辩难，理学家与事功派思想家之间的讨论、辩难，呈现鼎盛的局面。理学的范畴、命题逐步确定下来，其含义走向深刻和精密。"朱熹和张栻作为二程的四传弟子，实际上面临一个共同的任务，综合继承前人的理学思想成果，完成理学集大成的历史使命。对这一点，朱熹确有清醒的认识，他在写给张栻的祭文中说："自孔孟之云远圣学绝而莫继，得周翁与程子，道乃抗而不坠。然微言之辍响，未及乎百岁，士各私其所闻，已不胜其乖异。嗟惟我之与兄吻，志同而心契。"他认为北宋周、程继承了先秦孔孟的"圣学"，而他和张栻两人的使命就是要使周程创立的道学继续"抗而不坠"。在此，他把自己和张栻摆在道学系统中的相同位置上。这一点，恰恰反映了他们共同的学统背景和道学使命。

诚如前述，就其思想渊源而言，朱熹、张栻皆源于北宋的二程之学。南宋理学家真德秀在论述朱熹、张栻的学术渊源时说："二程之学，龟山（指杨时）得之，而南传之豫章罗氏（指罗从彦），罗氏传之延平李氏（指李侗），李氏传之晦庵朱氏（指朱熹），此其一派也。上蔡（指谢良佐）传之武夷胡氏（指胡安国），胡氏传其子五峰（指胡宏），五峰传之南轩张氏（指张栻），此又一派也。……朱张之传最得其宗。"从这个传授系统中可知，朱熹张栻虽属不同学派，有不同的授受系统，但他们都是二程的四传弟子，有共同的学统。这恰恰是朱张二人成为亲密道友的思想基础。对此，朱熹和张栻均把自己视为程门弟子，以儒家道统自命。朱熹认为，孔孟之后，儒家之道不传，自二程出来后，才承接了先秦的孔孟之道。朱熹充分肯定二程之学在儒家道统中的地位，而他自己则是继承了二程道统的嫡传。他说："宋德隆盛，治教休明，于是河南程氏两夫子出，而有以接乎孟子之传。……然后古者大学教人之法，圣经贤传之指，粲然复明于世。虽以熹之不敏，亦幸私淑而与有闻焉。"朱熹将自己作为二程的直接私淑弟子，无疑是为了标榜自己与道统的继承关系。

张栻以同样的方式肯定二程之学的道统地位，他为程颢作像赞云："于惟先生，会其纯全，天理之揭，圣学渊源。"又为程颐作像赞云："于惟先生，极其精微，俾尔立德，循循有归。"他不仅肯定二程作为"圣学渊源"的学术地位，还以直接得二程真传自诩。他说："近来读诸先生说话，惟觉二程先生完全精粹，愈看愈无穷，不可不详味也。"所以，真德秀认为张栻和朱熹一样，最得二程之传，这是符合历史事实的。

不仅如此，在对周敦颐的濂学和张载的关学的评价上，他们也有相同的认识，或者说二人的想法和做法几乎完全一致。

周敦颐虽然著有《太极图说》《通书》，因而成为理学的开山祖，但他在北宋的学术界并无多大影响。程门的诸多弟子们几乎不提及他。但到了南宋初，湖湘学派的胡宏、张栻，闽学派的朱熹开始极力推崇周敦颐，将他的学术思想推上上承孔孟、下启二程的崇隆地位。周敦颐能在道统中居有这样的地位，完全是朱张二人的共同功劳。值得注意的是，南宋陆九渊一派虽不敢随意贬低周敦颐本人，但因其主张心即理之说，不满意周敦颐在《太极图说》中建立的宇宙论哲学，所以竭力否定《太极图说》，认为它不是周子所作，或是周子在其学术未成时所作。但是，朱熹和张栻两人却极力推崇周子的《太极图说》。朱熹认为："先生之学，其妙具于太极一图，《通书》之言，亦皆此图之蕴，而程先生兄弟语及性命之际，亦未尝不因其说。"他认为周敦颐的《太极图说》是其学说的精华，二程的洛学也只是对《太极图说》的进一步发展。张栻同样推崇《太极图说》，并把它作为儒家道统承续的代表作品，他说："惟先生崛起于千载之后，独得微旨于残编断简之中，推本太极，以及乎阴阳五行之流布，人物之所以生化。于是知人之为至灵，而性之为至善。……孔孟之意，于以复明。"本来，周敦颐的《太极图说》是将道教的炼丹图引入儒家学说，以使儒家伦理奠定在宇宙论哲学的基础之上，而二程的天理论则是自家"体贴"出来的，和《太极图说》并无直接联系。但是，朱张为了融通综合周程的学说，完善理学的宇宙本体论体系，有意将它们捏合拢来，从而肯定"《太极图》，周先生手授二程先生"的不合历史实际的说法。

朱张二人亦以同样的态度对待张载的理学。张载之学主气本体论，和二程洛学有很大的差别。但是，他的学说中所包含的气化理论、理一分殊、天地之性和气质之性、见闻之知和德性之知等一系列重要思想，对建构、完善理学思想体系极有价值。因此，到了南宋时期，朱张二人又几乎是异口同声地赞扬张载之学。朱熹亲自撰写《西铭解义》等著作，阐发张载的思想。他对张载提出的许多思想做了高度评价，甚至认为它们高出于二程之上。譬如他说："'神化'两字，虽程子说得亦不甚分明，惟是横渠推出来。"又说："惟心无对，心统性情，二程却无一句似此切。"朱熹之所以如此推崇张载之学，就在于张载学说中的气化学说、心统性情、天地之性和气质之性、理一分殊等许多重要思想，都曾被吸收到他的思想体系之中。张栻也高度评价张载的学说，他亦详细地研究了张载的著作和学说，并吸收了理一分殊、天地之性、气质之性等学说。因此，张栻在理解、阐发张载之学的问题上，与朱熹的想法不谋而合。他在一封写给朱熹的信中说："《西铭》之论甚精，乾称父坤称母之说，某亦如此看，盖一篇浑是此意也。"十分明显，朱熹、张栻对如何理解、吸收张载之学的思路都大体接近。由此可见，朱熹、张栻都面临理学的发展、集大成的任务，而且他们以大体相同的思路综合、吸收了北宋濂、洛、关诸家的学说。以上就构成了朱张二人共同的学术背景和思想渊源。

（二）相同的哲学理论构架和思想内容

宋明理学的一个基本任务，就是要使儒家伦理建立在关于终极存在的哲学本体论的基础之上。因而，理学的基本理论构架，就是探讨性与天道的问题，以建立天人合一的本体论哲学。理学家皆利用了《中庸》《大学》《孟子》《论语》《周易》等儒家经典来阐发自己的哲学思想，利用了太极、阴阳、理、道、气、诚、心、性、情、仁等一系列哲理范畴来建构自己的理论体系。一般而言，典型的理学理论构架包括下列三个方面：首先是建立太极阴阳、理气的宇宙哲学，然后提出太极即性、性即理的心性哲学，最后倡导格物致知、主敬持志等道德修养功夫。朱熹、张栻的理学思想，正是以这种基本的理论构架建立起来的，他们的哲学体系主要是由三个方面构成的：理气论、心性论、格物致知论。朱熹、张栻的理气论涉及的是宇宙本体论的问题，谈的是天的问题，也就是要确立天理在天地万物中的本体的地位。心性论谈的是人的问题，它要说明的是，作为宇宙本体的天理也是人的本体，所谓"性即理"，就是要说明天和人在本体论上的绝对同一。至于他们的格物致知论，就是证明道德主体经过不断的知识积累和道德修养，即可形成理想的道德人格，并达到形而上的本体境界。可见，朱熹和张栻的全部学说皆是建立在理气论、心性论、格物致知论的基本理论构架上。

朱张二人不仅在用哲学本体论论证天人合一的理论构架上一致，而且在理论的内容方面也完全一致。理学的本体论其实不过是一种道德本体论，因而，理学家们热心讨论理气、太极阴阳、心性等许许多多的抽象哲理，其背后无不具有深厚的伦理道德方面的内容。朱熹提出了以天理为本的宇宙本体论，最终只是为了将儒家倡导的纲常伦理上升为宇宙本体，以确立这些伦理道德规范的至上权威和绝对必然性。朱熹说："所谓天理，复是何物？仁、义、礼、智岂不是天理？君臣、父子、兄弟、夫妇、朋友岂不是天理？"他是将儒家的三纲五常上升为外在超越的宇宙本体，而不同于陆学一派以伦理主体的"吾心"为宇宙本体。张栻的本体论哲学同样具有这一特点。他以太极、理或性为宇宙本体，也只是将仁义道德上升为超越性宇宙本体。张栻说："所谓礼者，天之理也，以其有序而不可遏，故谓之礼。""盖三纲五常，人之类所赖以生而国之所以为国者也，上无礼则失其理矣。"所谓天理无非就是礼，就是三纲五常。

道德本体论的建立是宋明理学的一般特征，但在理学内部，有的是以客观外在的道德规范原则为宇宙本体，有的是以主观内在的道德心灵为宇宙本体，从而产生重大区别。朱熹、张栻的理论特色在于，他们皆将客观的道德规范原则上升为宇宙本体的天理，从而强调了儒家伦理的外在制约性，这和陆王心学将主体的道德心灵上升为宇宙本体大不相同。当然，张栻的哲学又有一些心学倾向，有别于朱熹一派，这将在后面详述。

（三）相同的道德修养功夫

理学家认为，道德本体论和修养功夫论一般都是统一的。朱熹、张栻在思想渊源、哲学本体论方面的接近，也使得他们的道德修养功夫论也呈一致。

朱熹的修养功夫论主要体现在他常说的一句话："涵养须用敬，进学则在致知。"所以，朱熹的功夫论包括密切相关的两个方面。首先是致知论。朱熹认为，作为宇宙本体的天理是无所不在的，而道德认识、道德修养的首要步骤，就是要获得对天理的认知。因此，他提出所谓的格物致知论。他说："所谓致知在格物者，言欲致吾之知，在即物而穷其理也。……是以大学始教，必使学者即凡天下之物，莫不因其已知之理而益穷之，以求至乎其极。"这种企图通过对天下万物的认知活动达到体认封建伦理的道德功夫，是朱熹的道德功夫论的一大特点。其次，朱熹也十分重视持敬的道德修养功夫。如果说致知的目的是获得对客观的天理的认知，持敬的目的却是为了保持主体的专一精神状态。他说："只收敛身心，整齐纯一，不恁地放纵，便是敬。"持敬要求主体能保持专一的精神状态，以使学者能够更加严格地遵循封建道德规范。

张栻的道德功夫论也主要包括格物致知论和居敬主一论。张栻往往把理看作是客观的精神本体，故而要求学者能通过格物致知的途径获得对天理的认知。他说："格，至也；格物者，至极其理也。此正学者下工夫处。""格之为言，至也。理不循乎物，至极其理，所以致其知也。"张栻和朱熹一样，承认理存在于万物之中，要达到对理的认识，不能离开格物致知这一首要的道德功夫。他不仅重视对外物的认识，还倡导保持内心精神专一的持敬说。他认为，主体必须能时刻保持这种主一无适的精神状态，才能实现格物致知。他说："虽然格物有道，其惟敬乎！"如何才能居敬呢？他认为，"夫主一之谓敬，居敬则专而不杂，序而不乱，常而不迫，其所行自简也"。张栻还根据居敬的要求，撰写了《主一箴》，详细阐述了居敬主一的修身功夫。这一箴言启发了朱熹，朱熹在此基础上，撰写了《敬斋箴》。他在《敬斋箴》的序文中写道："读张敬夫《主一箴》，掇其遗意，作《敬斋箴》，书斋壁以自警云。"张栻的《主一箴》和朱熹的《敬斋箴》两者所论述的"涵养须用敬"的道德修养功夫论的基本内容是完全一致的。

南宋陆九渊一派在本体论上主张心即理，因而在道德功夫论方面，主张"自存本心"，认为"古人教人，不过存心、养心、求放心"，并反对从外物中穷理的格物致知论。而朱熹、张栻则主要继承程颐"涵养须用敬，进学则在致知"的道德功夫论，共同倡导格物致知论和居敬主一论，反映了他们相通的学术立场。

（四）共同的伦理观念

宋明理学的学术宗旨，就是在新的历史条件下复兴儒家伦理。所以，先秦儒家学者们提出的关于君臣、父子、夫妇、兄弟、朋友的伦常关系和仁、义、礼、智、信的道德原则和规范，受到理学家们的一致认同和遵循。在这个根本问题上，朱熹和张栻的基本思想也完全一致。

首先，他们把封建社会的人伦关系概括为"五伦"，并肯定此五伦是人生而具有，是天之所命。朱熹说："自天之生此民，而莫不赋之以仁、义、礼、智之性，叙之以君臣、父子、兄弟、夫妇、朋友之伦，则天下之理，固己无不具于一人之身矣。"张栻也有相同的概括，他说："天地位而人生乎其中，其所以为人之道者，以其有父子之亲、长幼之序、夫妇之别，而又有君臣之义、朋友之交也。是五者，天下所命，而非人之所能为。"可见，他们都肯定了儒家倡导的封建等级秩序的合理性和绝对性。其次，他们都十分推崇仁、义、礼、智、信等德目，以之作为调节封建社会人伦关系的准则，并把它们看作人生而具有的本性。朱熹说："人禀五行之秀以生，故其为心也，未发则具仁、义、礼、智、信之性以为之体，已发则有恻隐、羞恶、恭敬、是非、诚实之情以为之用。"张栻亦提出完全相同的看法，他说："仁、义、礼、智具于性而其端绪之著见，则为恻隐、羞恶、辞让、是非之心。……故原其未发，则仁之体立而义、礼、智即是而存焉。循其既发，则恻隐之心形而其羞恶、辞让、是非亦由是而著焉。"

朱熹和张栻不仅皆遵循孔孟儒家倡导的伦常关系和道德准则，尤其主张在道德实践中应分辨义和利、天理和人欲，因而他们又共同倡导义利之辨、理欲之辨。强调义利之辨是张栻学说的显著特点，他在《孟子讲义序》中说："学者潜心孔孟，必得其门而入，愚以为莫先于义利之辨。"把义利之辨作为学习儒家学说的入门之道，可见他对这一问题的重视。张栻还对如何辨别义与利，提出了自己的独特见解。他认为辨别义与利不应局限于外在的物质利益，而尤其要注重内在的道德心理活动，凡"无所为而然者"为义，而一切"有所为而然者"皆为利。朱熹非常赞同并高度评价张栻的义利之辨，认为这是"扩前圣之所未发"。事实上，他们在重视义利之辨方面是一致的。朱熹在其制定的《白鹿洞书院学规》中，以"正其义不谋其利，明其道不计其功"作为处事之要。朱熹认为，义利之辨也就是天理人欲之辨，他说："仁义根于人心之固有，天理之公也；利心生于物我之相形，人欲之私也。循天理，则不求利而自无不利；徇人欲，则求利未得而害己随之。"上述这一切，反映了朱、张两人在伦理价值观念上的一致。

二、"缴纷往反"的论敌

朱熹、张栻因在上述一些重要问题上主张根本一致，故而成为交情甚契的道友。但是，他们毕竟是两个不同学派的代表人物，他们有不同的生活经历、学术道路，尤其有不同的学术师承。朱熹之学的师承关系是：二程—杨时—罗从彦—李侗—朱熹，张栻之学的师承关系则是：二程—谢良佐—胡安国—胡宏—张栻。朱熹认为："敬夫说本出胡氏。胡氏之说，惟敬夫独得之，其余门人皆不晓，但云当守师之说。"由于张栻继承了胡宏的学术思想（当然，他在以后又修正了胡宏的一些观点），故而在许多观点上和朱熹存在分歧。他们在长期的学术交往中一直在就这些问题展开激烈的争辩。朱熹并不讳言他们两人的分歧和争辩，曾有"我之所是，而兄以为非，亦有兄之所然，而我之所议"之说。经过这些学术争辩，在许多问题上"同归而一致"，但在许多问题上仍保留着分歧。

朱熹和张栻的学术争辩涉及的问题很广，有的是重要的学术观点的分歧，有的只是细枝末节或语言表述上的分歧，没有多少理论意义。下面所述及的是带有重要学术意义的几个问题。

（一）本体论上的分歧和争辩

朱熹建立了以天理论为核心的严密哲学体系，在他的理学思想体系中，理是最高的哲学范畴，是宇宙世界的本体，这显然是一种客观唯心主义思想体系。张栻的理学思想体系虽也倾向于此，但他在论述心时，却往往强调心的重要作用，表现出与陆学接近的主观唯心主义倾向。

张栻在宇宙本体论上的特点源于其师胡宏。胡宏所建立的是性本论哲学体系，他以性作为最高的哲学范畴，也有偏重于客观唯心主义的倾向。但是，由于性本来就是指人性，是一个有关人道的范畴，而且未发的性必然会体现为已发的心，所以，胡宏又十分重视心对天地万物的主宰作用。他说："气之流行，性为之主；性之流行，心为之主。""心也者，知天地，宰万物，以成性者也。"表现出了十分明显的主观唯心主义倾向。张栻继承了胡宏之学，也往往把性作为和太极并列的最高哲学范畴，并由此而肯定心的绝对主宰作用。他在论述心的哲学范畴时，也像胡宏那样，把它看成万物的主宰者。他说："人为天地之心，盖万事具万理，万理在万物，而其妙著于人心。……心也者，贯万事统万理而为万物之主宰者也。"朱熹虽也肯定心的主宰作用，但他明确肯定"所以主宰者是理也"。张栻则把"主宰者"视为心，可见他的心学倾向。当有人提出"惟天地及人，具此大本（指太极）"时，张栻认为此说"有病"，他纠正说："人仁则太极立，而天地之大，万物之多，皆吾分内耳。"他还进一步提出："人之心，天地之心也。其周流而该遍者，本体也。"张栻认为人心能包括天地之大、万物之多，亦是"天地之心"，明确肯定了心在宇宙中的本体地位。张栻的这些说法，和陆学一派的"宇宙内事是己分内事，己分内事是宇宙内事"的心学命题十分接近。这一切，皆体现了张栻之学在本体论这一根本问题上所不同于朱熹的特点。

朱熹亦察觉出张栻的心学倾向，看到了张栻和陆一派的相近，因此他说："陆子静之学，只管说一个心。……南轩初年说，却有些似他。"张栻的早期学说，受胡宏的影响更突出，所以其心学倾向亦更明显。这种心学倾向，到其晚期仍得到体现，所以朱熹后来仍对他这种心学倾向进行批评。

> 问："南轩谓'动中见静，方识此心'，如何是'动中见静'？"
> 曰："动中见静，便是程子所说艮止之意。释氏便言定，圣人便言止。敬夫却要将这个为'见天地之心'。复见静中见动，他人又要动中见静，却倒说了。"

张栻主张在人的喜怒哀乐已发之后，察识那纯静的心灵本体，并由此以"见天地之心"。朱熹极不满意张栻的这种说法，他不仅批评了动中见静的说法，更批评了"要将这个为'见天地之心'"的心学派观点。

（二）中和之辩

中和之辩是以朱熹为代表的闽学和以张栻为代表的湖湘学争辩了相当长一段时间的一个重要议题。双方在长期的讨论、争辩过程中，学术主张在前后均发生了一些变化。所以，中和之辩成为理学史上的一个重大事件，产生了一定的历史影响。

"中和"来自儒家重要典籍《中庸》一书。《中庸》云："喜怒哀乐未发谓之中，发而皆中节谓之和。中也者，天下之大本也；和也者，天下之达道也。"中和说实际上涉及理学体系的核心问题——心性论，它包括两个重要问题：心性论和修养功夫论。

朱熹的中和说本来得之杨时、罗从彦、李侗的闽学一派。朱熹曾指出："李先生（指李侗）教人，大抵令于静中体认大本未发时气象分明，即处事应物自然中节，此乃龟山（指杨时）门下相传指诀。"朱熹受业于李侗门下时，即开始受到闽学一派的教育。但是，他当时并没有完全理解这一"龟山门下相传指诀"，所以苦苦追索以求其解。这时，他开始和胡宏、张栻的湖湘学派有了学术上的接触。通过学术交流和独立思考，朱熹终于接受了湖湘学派的中和说主张。历史上称朱熹的这一思想变化为"丙戌之悟"。

湖湘学派在中和问题上有自己的独特主张，而不同于杨时相传的闽学一派。在心性论方面，胡宏主张"未发只可言性，已发乃可言心"，认为性为未发，是本体；心为已发，是作用，未发的道德本体存在于已发的经验心理之中。在修养功夫论方面，湖湘学派则主张先察识、后持养，"只于已发处用功"，这就不同于李侗那种"于静中体认大本"，而要求把道德修养的重点放在喜怒哀乐已发之后的"处事应物"的生活实践之中。在丙戌之悟前后，朱熹和张栻的交往十分频繁。丙戌之前，朱熹和张栻以通信的方式讨论中和问题。乾道三年（1167），朱熹由福建来长沙，访问主持岳麓书院讲学的张栻，再次详细地讨论中和之说。据侍行的学生范伯崇说，"二先生论《中庸》之义，三日夜而不能合"，可见他们在中和问题上辩论十分激烈。最终，朱熹完全接受了湖湘学派的观点。在心性论方面，朱熹接受了湖湘学"性为未发、心为已发"的观点。朱熹在离开湖南时作有《二诗奉酬敬夫赠言并以为别》，诗云："昔我抱冰炭，从君识乾坤。始知太极蕴，要妙难名论。谓有宁有迹，谓无复何存？惟应酬酢处，特达见本根。"这里所说的"太极"即是指性。这一点，王懋竑在《朱子年谱考异》中说得很准确："朱子自甲申后，与南轩往复皆讲未发之旨，而以心为已发，性为未发，盖以未发为太极，诗所云太极则指未发而言也。"在功夫论方面，朱熹也接受了湖湘学强调的在日用生活中察识的观点。上述朱熹诗作所云"惟应酬酢处，特达见本根"，也是指道德修养应在日用酬酢的已发之处用功。朱熹在后来的一封信中也论及此事，他说："去冬走湖湘，讲论之益不少。然此事须是自做工夫，于日用间行住坐卧自有见处。"由此可见，朱熹确是接受了湖湘学派注重于生活日用中的道德修养功夫。

但是，到了乾道五年（1169），朱熹的心性论和修养功夫论发生了一个重要的变化，他完全放弃了乾道二年（1166）前后的思想，提出了"心统性情"的心性论和"主敬致知"的修养功夫论。这时，朱熹终于确立了自己的学术宗旨，而舍弃了湖湘学派的观点和影响。历史上称朱熹这次思想变化为"己丑之悟"。

朱熹的己丑之悟包括两个重要理论的转变。首先是心性论的转变。朱熹否定了湖湘学派"性为未发、心为已发"的学说，而主张人的喜怒哀乐未发时为性，是心之体；喜怒哀乐已发时为情，是心之用。因而，心是通贯于性、情之间的。朱熹将其对心性论的新见解告诉了张栻，他在信中说："然人之一身，知觉运用莫非心之所为，则心者固所以主于身，而无动静语默之间者也。然方其静也，事物未至，思虑未萌，而一性浑然，道义全具，其所谓中，是乃心之所以为体，而寂然不动者也。及其动也，事物交至，思虑萌焉，则七情迭用，各有攸主，其所谓和，是乃心之所以为用，感而遂通者也。然性之静也而不能不动，情之动也而必有节焉，是则心之所以寂然感通周流贯彻，而体用未始相离者也。"这代表了朱熹心性论的新见解。其次，在修养功夫论方面，朱熹批判了湖湘学派"先察识、后持养"的观点，提出了与上述心性论一致的功夫论。心既然是通贯于未发与已发、性与情之中的，那么，做功夫时包括心的未发和已发两个阶段。在心之未发时注重涵养，而在心之已发时则注重进学。朱熹认为，以前"直以心为已发，而日用工夫亦止以察识端倪为最初下手处，以故阙却平日涵养一段工夫"，这实际上也是对湖湘学派的功夫论的批评。

朱熹提出新的中和观点之后，马上写信给湖湘学派的张栻、胡广仲、吴晦叔等人。胡广仲、吴晦叔等人基本上拒绝了朱熹的新说。朱熹在《答林择之》一信中说："近得南轩书，诸说皆相然诺，但先察识后涵养之论执之尚坚。"可见，张栻在心性论方面已放弃了老师"性为未发、心为已发"的观点。在《知言疑义》中，张栻亦同意修改胡宏心以成性的观点，主张将其改为"心主性情"，朱熹对此非常赞成，可见他们在此问题已达成一致。但是，在道德功夫论方面，张栻则仍坚持湖湘学派的传统观点，主张先察识、后持养，仍把在生活日用中察识本心作为修养功夫的重点。湖湘学派长期有重践履的学风特点，与胡张二人倡导的修养功夫论是密切相关的。

（三）仁说之辩

孔子创立的儒学是以仁为核心的思想体系，宋明理学以复兴儒学为宗旨，故也十分重视仁的学说。北宋程颢曾撰有《识仁篇》，倡导"学者须先识仁"。但是理学家们说仁，已不完全同于先秦儒家，而是做了更多理论上的发挥，使仁说上升到本体论的高度。

朱熹和张栻都很重视仁的学说。在大量的讨论学术的书信中，朱熹专论仁说者占很大比例，他还专门撰有《仁说》。张栻更是以仁为"圣学之枢，而人之所以为道也"，并也撰有《仁说》《洙泗言仁序》等。朱张二人在仁说问题上，有相同的见解，也有相异的见解，因此双方就此进行了长期的辩论。据《朱子语类》卷一〇三载：

> 问："先生旧与南轩反复论仁，后来毕竟合否？"曰："亦有一二处未合。敬夫说本出胡氏，胡氏之说，惟敬夫独得之，其余门人皆不晓，但云当守师之说。向来往长沙，正与敬夫辩此。"

朱熹也承认，因张栻受学胡宏并"当守师之说"，故两家在仁说方面有分歧，还就这些分歧展开了辩论。朱熹和张栻在关于仁说的问题上，进行了多方面的辩论，这里不可能一一列举，仅对体现重要学术分歧的地方做一述评。

理学家们论仁时，往往把仁上升到哲学本体论的高度。如前所述，朱熹、张栻在哲学本体论上有分歧。朱熹将形而上与形而下进行了严格的逻辑区分，并将形而上的理上升到宇宙本体论；张栻则没有将形而上和形而下进行那样严格的逻辑划分，并时时表现主观唯心主义的心学倾向。朱张二人在哲学本体论上的区别，又在仁说之辩中体现出来。朱熹明确地把仁与天理论统一起来，提出"仁是爱之理，爱是仁之用""仁是体，爱是用"，这样，仁就上升到理的本体论高度。朱熹不仅肯定仁和理的统一，还明确反对直接以心为仁的观点，认为"爱之理是仁，心非仁，心之德是仁"。他坚持仁应该是形而上的理、德，如果直接以心为仁，就会混淆形而上、形而下的区别，最终导致陆学一派的心学倾向。

张栻也和朱熹一样，以"爱之理"言仁。他说："人受天地之中以生，仁义礼智皆具于其性，而其所谓仁者，乃爱之理之所存也。"他也明确将仁与理的本体统一起来。但是，另一方面，张栻和朱熹不同，往往直接将仁和心等同起来，时时表现出心学倾向。张栻在《潭州重修岳麓书院记》一文中提出："仁，人心也，率性立命，知天下而宰万物者也。"他在这里把仁等同于人心，表现出明显的心学倾向，和朱熹的观点相区别。张栻还在多处将仁视为人心，并将人心之仁扩充到天地万物之中去，使主体之心做了无限的膨胀。他说："仁义之不可胜用，岂自外来乎？扩而至于如天地变化草木蕃，亦吾心体之本然者也。"张栻在这里将"天地变化草木蕃"视为人心之仁扩充的结果，显然是接近于心学一派。

朱熹对张栻的这种心学倾向进行了严厉的批判。

首先，朱熹批判了以仁为心的观点。他认为张栻在《潭州重修岳麓书院记》中所阐述的观点，和"陆子静之学，只管说一个心"相接近，他说："南轩初年说，却有些似他（指陆九渊），如《岳麓书院记》却只恁地说，如爱牛，如赤子入井，这个便是真心。若理会得这个心了，都无事。"张栻在《潭州重修岳麓书院记》中借用《孟子》中"爱牛""赤子入井"的故事，说明仁即人心的道理。

这个观点遭到了朱熹的批判，他认为这和陆九渊的心学是同一路数。

其次，朱熹还批判了张栻以知觉言仁的观点。最早提倡以知觉为仁的是程门弟子谢良佐，谢氏的观点影响了湖湘学派，当时胡宏及其弟子们如胡广仲、胡伯逢等人皆十分推崇这一思想。胡广仲曾说："心有所觉谓之仁，此谢先生救拔千余年陷溺固滞之病，岂可轻议哉！夫知者，知此者也；觉者，觉此者也。果能用理居敬，无时不觉，则视听言动莫非此体之流行，而大公之理在我矣。"张栻从学胡宏并问求仁之旨，故而在仁说观点中也继承了谢氏的观点。张栻和朱熹通信讨论仁说时，提出了知觉即仁的观点，但遭到了朱熹的反对。张栻的原信已不存，从朱熹的回信中可以看到张栻的主张及两人在这一观点上的冲突。朱熹在回信中说："今观所示，乃直以此为仁，则是以知此觉此为知仁觉仁也。仁本吾心之德，又将谁使知之而觉之耶？……故谓仁者心有知觉则可，谓心有知觉谓之仁则不可。盖仁者心有知觉，乃以仁包四者之用而言。"张栻认为仁即人心，而人心的根本性质在于它具有知觉，故而直接以知觉言仁是"仁即人心"的必然结论。但是如果把仁归结为人心的知觉，那么，仁就不具有作为客观精神本体的特性，而成为主体的一种知觉功能。所以，朱熹坚决反对这一观点，他坚持仁为"爱之理，心之德"的本体，心的知觉则只是仁的功用，仁之本体必然包括知觉的功用，但不能以知觉的功用本身为本体。

再次，朱熹还批判了张栻"视物为心"的仁说观点。张栻在阐述其仁说时，既以爱之理言仁，又以心之知觉言仁，其原因在于他不像朱熹那样，将形而上和形而下、主体和客观做了那样严格的逻辑上的区分，他更注重二者的浑然一体。所以，张栻又提出"视天下无一物之非仁"的观点，以仁来统一主体和客体、形而上与形而下。朱熹则批判了这一观点，他说："又云：'视天下无一物之非仁。'此亦可疑，盖谓视天下无一物不在吾仁中则可，谓物皆吾仁则不可。盖物自是物，仁自是心，如何视物为心耶？"朱熹反对张栻"视物为心"的观点，因为他从来就主张严格区分作为主体的心和作为客体的物、形而上的仁和形而下的万物。张栻的主张和他是有着重大分歧的。

在仁说的讨论中，朱熹除了批判张栻的心学倾向，还就其他一些重要的仁说理论问题与之展开了讨论、争辩。譬如仁与公的关系问题。本来，在儒家伦理思想体系中，仁的伦理原则所代表的是一种社会群体的道德价值，因而，仁的道德境界又是一种廓然大公的境界。这样，理学家们大都肯定仁与公的密切关系，朱熹和张栻的仁说也是如此。但是，他们在仁与公的关系的见解中，仍有一些重要的分歧。朱熹主张仁是爱之理、心之德，它是一种先天的客观的精神本体的体现，而公则是后天的主观精神境界的追求。因此，仁是一种普遍存在的精神客体，公则只是一种少能达到的精神追求；仁先于公而存在，公是为了实现仁而产生。张栻则不同，他往往将仁与公等同起来，不做先天、后天的区别。他说："公而以人体之，故为仁。此意指仁之体，极为深切。"他还说："夫仁道难名，惟公近之。人惟有己则有私，故物我坐隔，而昧夫本然之理。"他认为仁就是公，公也就是仁，进而肯定公就是仁之体。

朱熹反对这种将仁与公等同起来的观点。他坚持认为"仁"是一种先天的本性，它是先于公而存在的。他在和张栻讨论仁说时指出：

> 来教云："夫其所以与天地万物一体者，以夫天地之心之所有，是乃生生之蕴，人与物所公共，所谓爱之理也。"熹详此数句，似颇未安。盖仁只是爱之理，人皆有之，然人或不公，则于其所当爱者又有所不爱，惟公则视天地万物皆为一体，而无所不爱矣。若爱之理则是自然本有之理，不必为天地万物同体而后有也。（《答张钦夫又论仁说》）

朱熹强调仁与公的区别，他要求确立仁作为一种先验存在的本体地位，以区别于后天的主观精神境界的公。他认为张栻将二者"遽混而言之"，是逻辑上的不严密。

上述为朱熹和张栻就仁说的一些讨论，在这个讨论过程中，反映出朱熹的闽学和张栻的湖湘学的思想分歧。但是，他们的学术思想在许多根本问题上是一致的，所以他们在经过长期的学术辩论之后，其思想倾向日趋一致。如果将张栻的《仁说》定本和朱熹的《仁说》做一比较，就可以发现二者的仁说观点基本一致，并无多大差异。

张栻《论语解》

众所周知,《论语》是一部记载孔子及其弟子言行的重要文献,在儒家文化乃至中国古代思想文化中占有重要地位。孔子思想在中国思想文化的发展历程中产生了重要影响。朱熹诗云:"天不生仲尼,万古长如夜。"这虽然有些夸张,但孔子对中国古代思想文化的杰出贡献,是为世界学界所公认的。孔子被誉为"世界十大文化名人"之首,中国乃至世界研究和注解《论语》之作极多,据日本学者林泰辅所作《论语年谱》统计有三千多种。《论语》早已被译成世界多国的文字,广泛流行于世界各地。在国内亦有多种论语集解,其中有代表性的有何晏的《论语集解》、皇侃的《论语义疏》等。张栻《论语解》虽被长期历史尘封而不闻于世,但实际上也是解读《论语》的重要著作之一。张栻也认为《论语》是一部不可不读的经典,其原因他在《论语解》序中做了详尽叙述。虽然文字较长,但为了说明他对《论语》的推崇和解读,现将原文移录如下:

> 学者,学乎孔子者也。《论语》之书,孔子之言行莫详焉,所当终身尽心者,宜莫先乎此也。圣人之道至矣,而其所以教人者,大略则亦可睹焉。益自始学,则教之以为弟为子之职,其品章条贯不过于声气容色之间,洒扫应对进退之事。此虽为人事之始,然所谓天道之至赜者,初亦不外乎是,圣

人无隐乎尔也。故自始学则有致知力行之地，而极其终则有非思勉之所能及者，亦贵于行著习察，尽其道而已矣。

以上为张栻在《论语解》序中对《论语》做出的全面阐发和解读，举其要者有六点：

其一，孔子是圣人，圣人是所有人学习的榜样。"学者，学乎孔子者也"，这不是空口号，而具体地是要学习《论语》。其二，学习《论语》"所当终身尽心者，宜莫先乎此也"，也就是说学习《论语》经典应贯穿于每个人的终生。其三，学习《论语》也就是学习圣人之道，《论语》之所以成为儒家经典，就在于《论语》把圣人之道推到了极至，孔子以圣人之道训导弟子，《论语》"大略则亦可睹焉"。其四，《论语》记述的孔子教人不是以一些抽象而难以捉摸的教条训导弟子，而是"盖自始学，则教之以为弟为子之职，其品章条贯不过于声气容色之间，洒扫应对进退之事"。其五，张栻进一步指出，这"虽为人事之始，然所谓天道之至赜者，初亦不外乎是"。这就是说，天道的精妙和深奥无不源于此，"圣人无隐乎尔也"。其六，张栻由此概括地说，《论语》"自始学则有致知力行之地"。《论语》开篇把致知和力行即认识和实践置于十分重要的地位，"而极其终……亦贵于行著习察，尽其道而已矣"。《论语》最后落脚于"行著习察"，即尽其圣人之道而已。总之，"学者，学乎孔子者也"，最关键的是学《论语》，《论语》之书，"孔子之言行莫详焉"。正是有本于此，所以张栻也同前贤一样，把对《论语》的研究置于十分重要的地位，并从《论语》中抽出五百零四条重要语录，逐一做出解释，形成《论语解》巨著。

另外，张栻以极大的精力作《论语解》还有一个重要原因，就是传录和发扬孔子的"圣人之道"。张栻说："秦汉以来，学者失其传，其间虽或有志于力行，而其知不明，摘埴索涂，莫适所依，以卒背于中庸。"这就是说，秦汉时期，虽有人志于传承与力行圣人之道，但"其知不明"，对圣人之道犹之乎盲人用杖点地探求道路，不解其本义。到宋代，虽有二程"始以穷理居敬之方开示学者，使之有所循求，以入尧舜之道。……然近岁以来，学者又失其旨，曰吾惟求所谓知而已，而于躬行则忽焉"。虽然二程揭示了《论语》所阐发的圣人之道，但人们只追求于字面上的解释,而实践躬行则被忽视。"本之不立,故其所知特出于臆度之见,而无以有诸其躬,识者盖忧之,此特未知致知力行互相发之故也。"由于对《论语》本旨无认识,所以上述所谓知不是真正的知,只是一种猜测和臆度的认识。张栻认为人的生活实践是一切认知的本根,把人们的生活实践归于"致知力行之原",说明张栻自觉或不自觉地认识到实践的真知,以此论之,这是前人所不及的。

另外,还应提及的是,众所周知,一种新思想的形成和发明,虽然源自人们的生活实际,但也是以先行者的思想为凭借,换言之,新思想并不是无所依傍的突发奇想。正是基于此,张栻的《论语解》也是以前人的思想为凭借的。这从张栻《论语解》的序言便可看得十分清楚。张栻说:"顾栻何足以与明斯道,辄因河南余论,推以己见,辑《论语解》为同志者切磋之资。"张栻认为自己的《论语解》吸取了先贤二程的思想,并在此思想的基础上推以己见。张栻是个胸怀如海的思想家,他忠诚耿直,从不贪人之功,本来《论语解》是一部极见他功力的著述,多有发明,而他却说是承河南余论,推以己见。说张栻受河南二程理学思想的影响,这可能是事实,但说完全以二程思想为基础,这就不符合事实了。二程并不存在专门论述《论语》思想的专著。宋代除了张栻的《论语解》,唯有朱熹的《论语集注》传于世。

张栻的《论语解》计有十卷,对《论语》五百零四条语录做了集注,本章不拟对其进行逐条解读,只做分类的概括和解读。

一、"尧舜之道,天下之达道也"

《论语》曾记载:"季康子问政于孔子曰:'如杀无道,以就有道,何如?'孔子对曰:'子为政,焉用杀?子欲善而民善矣。'"张栻对此注释道:

> 在上者志存于杀,则固已失长人之本矣,民亦将以不肖之心应之,又焉能禁止其恶乎?欲善者,欲民之善也,所谓以人治人也。是心纯笃,发见于政教之间,民将率从丕变,如风之所动,其孰有不从者?然则,民之所以未之从者,则吾欲善之诚不笃而已。

张栻上述注解有几层含义：其一，"在上者志存于杀，则固已失长人之本矣"。所谓"在上者"即指秉政的统治者。如果统治者"志存于杀"，对民众实行残酷的镇压，那么"民亦将以不肖之心应之"，即激起民众的反抗，那么如何能够避免民众的反压迫的斗争呢？其二，"欲善者，欲民之善也，所谓以人治人也"，如果统治者想做一个善者，民众也会以善回报，以善换善，这就是"所谓以人治人也"。其三，"民之所以未之从者"，即民众之所以起来反抗，"则吾欲善之诚不笃"，即统治者抱善之心不忠诚不笃定。张栻由此得出结论：执政者"是心纯笃，发见于政教之间，民众率从丕变，如风之所动，其孰有不从者"？总之，在上者不能"志存于杀"，反映了张栻以民为本的思想。

不仅如此，张栻极力推崇尧舜之道，谓"尧舜之道，天下之达道也"。《论语·子张篇》中，子夏说："虽小道，必有可观者焉，致远恐泥，是以君子不为也。"对此，张栻作注说：

> 尧舜之道，天下之达道也，非尧舜之道，皆小道而已。小道亦各有所长，非无可观也。然以致远，则必有弊，而不可以行。致远，谓推之天下与来世也。君子之学，岂但为目前计哉？亦期以远而已，则夫小道者，宜君子之不为也，然惟其有可观，故可以惑人。人惑之，谓见其近利云耳。若以致远存心则乌能惑也。

从张栻上述注释，其内涵极其深刻，概而言之，有如下几层含义：其一，张栻认为尧舜之道，是天下之达道。为什么呢？原因就在于尧舜是古代先人所仰慕的圣人，尧舜所推行的是没有剥削、没有压迫、人人平等的圣人之道，是顺乎古今、人类所追求的康庄大道，换言之，凡不是尧舜之道则非大道，"皆小道也"。其二，小道不能致长远和未来，只能顾及眼前，"而不可行"；达道，则可推行天下与来世。依照张栻的论述，他所言小道，是指几千年古代社会所推行的道，这种小道不是人类理想的社会。尧舜之达道，用今天的话说，即是原始共产主义。由此可见，张栻所期求的是没有私产、没有剥削、没有压迫的原始共产主义，他认为这才是人类所追求的理想社会。以此言之，张栻不愧是宋代思想家中的佼佼者，为宋代同时代的思想家所不及。

二、"天下有道，则礼乐征伐自天子出"

《论语·季氏篇》曾记载："孔子曰：'天下有道，则礼乐征伐自天子出；天下无道，则礼乐征伐自诸侯出。自诸侯出，盖十世希不失矣；自大夫出，五世希不失矣；陪臣执国命，三世希不失矣。天下有道，则政不在大夫；天下有道，则庶人不议。'"对孔子所言，张栻解读说：

> 礼乐征伐，天子之事也。天下有道，则礼乐征伐自天子出矣。盖天子得其道，则权纲在己，而下莫敢干之也。所谓自天子出者，天子亦岂敢以己为可专，而以私意加于其间哉？亦曰奉天理而已矣。此之谓得其道。若上失其道，则纲维解纽，而诸侯得以窃乘之，礼乐征伐将专行而莫顾矣。若诸侯可以窃之于天子，则大夫亦可以窃之于诸侯，而陪臣亦可以窃之于大夫矣。其理之逆，必至于此也。……天下有道，则政不在大夫者，政出于一也。庶人不议者，民志定于下，而无所私议也。

以上张栻对《论语》所录孔子观点的解读，可说是一篇维护国家统一，反对国家分裂和诸侯割据以及批判君权至上的宣言书。

首先，如前所述，张栻虽然认为尧舜之道，是可以推之于天下与来世的康庄大道，但他认为除了大道，还有"小道"，"小道亦各有所长，非无可观也"。回顾历史，虽非尧舜之道，社会运转则是依靠"小道"，但"小道"也是"道"，实现了社会的有序和国家的统一，应加以维护。

其次，"天下有道，则礼乐征伐自天子出"，表面上看注似乎是维护君主至上，主张君主专制。但从整体上看，这实际上是维护国家统一，反对政出多门，诸侯、大夫、陪臣各行其是、各自为政的分裂局面。张栻明确地宣示："若上失其道，则纲维解纽，而诸侯得以窃之，礼乐征伐将专行而莫顾也。"这就是说，天下无道，如维护国家统治的纲维即三纲五常以及典章制度的锁就会被钥匙打开，而诸侯以窃乘之，整个国家的政治秩序就会乱套，随之天下便会纷争和分裂四起。诚如张栻所说："诸侯可以窃之于天子，则大夫亦可以窃之于诸侯，而陪臣亦可以窃之于大夫矣。"政出多门，各自为政，必将导致国家的分裂，破坏国家的统一，即所谓其理至逆，必至于此也。由此可见，张栻提出并强调"天下有道，则礼乐征伐自天子出"，实际上是为了维护国家统一，反对诸侯割据。

再次，张栻指出"礼乐攻伐，天子之事也"，还有一层含义，这就是必须有一个前提，即必须"天下有道"，也就是说，天子主政必须符合道的精神。那么何谓道呢？在张栻看来，道即天道，亦即天理。对此，张栻明确地做出了回答和解释。他认为礼乐征伐自天子出，并不是说天子可以胡作非为，妄言肆行。诚如张栻说："所谓自天子出者，天子亦岂敢以己为可专，而以私意加于其间哉？"这就是说，礼乐征伐自天子出，而天子不可自行其是，任意妄为，唯我独尊，把"私意加于其间"，而必须遵守道，亦即天理。道即天理，天理是所有宋代思想家所称的天道，既然"礼乐征伐自天子出"，不能"私意加于其间"，既然皇帝必须遵守天理，那么不难看出，张栻所言"礼乐征伐自天子出"，除了维护国家统一，还有更深一层的含义。与其说"礼乐征伐自天子出"，是主张君权至上，毋宁说这是对君主专制的挞伐和抨击；与其说这是维护江山统一，毋宁说是对君主特权的挑战。检视历史，中国历史上最高统治者是否坚守道以治理天下，是衡量其为暴君或贤君的重要标准。桀纣无道，史称暴君，这就是人们最熟悉的例子。张栻的这一解读宣扬了反对君权至上和君主专制的精神，这在宋代思想家中极为少见。因此，将这一解读称为维护国家统一和批判暴君暴政的宣言书并不为过。

三、"古之治天下者，修之吾身"的道德修养论

自古以来，中国思想文化中都特别重视人的品德修养。古代先贤虽然认为人性本善，但认为其只是一种潜在的善本性，要使这种潜在善本性转化为现实和鲜活人的道德品性，必须进行后天的磨炼和修养才能实现。作为人性本善，儒家认为人人如此，但之所以现实的人的品德品性各异，其原因在于人后天的修炼功夫各异。儒家以为修身对国家统治者尤其重要。儒家经典《大学》中说："欲治其

国者，先齐其家，欲齐其家者，先修其身。"无论治国，还是整顿家庭和家族的内部关系，都必须修身。《论语·为政篇》中记载有季康子问孔子的一条语录。季康子问："使民敬忠以劝，如之何？"子曰："临之以庄则敬，孝慈则忠，举善而教不能则劝。"张栻对此做了解读：

> 古之治天下者，修之吾身而已耳。夫临民以庄，孝于亲，慈于下，善者举之，不能者教之，此皆在我之所当为。非为欲使民敬忠，以劝而为之也。然临之以庄而民敬心生，孝慈而民忠于己，举善教不能而民感悦以劝，其应盖有不期然而然者，则修之吾身，岂不至约乎？季康子不知自反而望于民者深，而有是问，夫子以正理告之耳。

张栻以上的解读具有深刻的人伦道德意义，要而言之，有如下几方面的含义：

其一，"古之治天下者，修之吾身而已耳。"张栻明确指出：古代治天下的最高统治者，虽然政事繁多，日理万机，但最重要的是加强自己的道德修养，提高其道德品性。孔子曾指出："政者，正也。"这说明治国执政者必须走正道，为了避免走上邪道，唯有加强自身道德品性，锤炼和塑造自己的道德品性。

其二，张栻提出修身并不是空洞的口号，而是有具体的道德修养目标："夫临民以庄，孝于亲，慈于下，善者举之，不能者教之，此皆在我之所当为。"用通俗的话说，治天下的执政者对民要端庄，不以势压人，不以权扰民，对父母、兄长、亲人要孝敬，对儿孙后辈要慈爱，对有道德品行的人要举荐和表彰，对品德不好的人，要采取教育的方法，不能不教而诛。以上几条"此皆在我之所当为"，都是治天下者必须自觉奉行和修炼的。

其三，张栻指出，如果执政者像古代先贤一样，"修之吾身而已"，那么就会得到民众的拥戴。张栻由此得出结论说："季康子不知自反而望于民者深，而有是问，夫子以正理告之耳。"这就是说，季康子问政于孔子，就在于他"不知自反"，即不知道检讨和纠正自己的过错，所以"而有是问，夫子正理告之耳"。

检视历史，千百年来，修身被儒家奉为重要伦理学范畴，具有深刻的人伦道德意义。如前所述，儒家经典《大学》把明德、治国、齐家都建立在"先修其身"的基础上。伦理学认为，修身充满着道德与非道德的冲击与斗争，也是人潜在的善本性转化为现实、鲜活的品德的过程。正是基于此，所以张栻对孔子训育弟子必须端正态度的教导十分重视。《论语·学而篇》中记述道："子曰：'巧言令色，鲜矣仁。'"对此，张栻加注说：

> 所谓巧言令色，欲以悦人之观听者，其心如之何？故为鲜矣仁。若夫君子之修身，谨于言辞容色之间，乃所以体当在己之实事，是求仁之要也。

众所周知，中国古代社会的统治者，大多迷信自己手中的权力，以权力影响人，而不重视道德影响。对此张栻指出："若夫君子之修身，谨于言辞容色之间，乃所以体当在己之实事。"这就是说，具有道德品性的君子之修身，当联系自己的思想和生活实际，触及其灵魂。如此修身，这就是张栻从"古之治天下者，修之吾身而已"所阐发的道德修养思想。如此论修身，在宋代思想家中极为少见，体现了张栻的创见。

张栻《孟子说》

《孟子说》是张栻继《论语解》之后的又一重要著作，它同《论语解》一样，也是一部被历史尘封未见天日的著作。

关于《孟子说》的写作背景，张栻曾在《孟子说原序》中有交代和说明，现移录如下：

岁在戊子，栻与二三学者讲诵于长沙之家塾，辄不自揆，缀所见为《孟子说》。明年冬，会有严陵之命，未及终篇。辛卯岁，自都司罢归，秋冬行大江，舟中读旧说，多不满意，从而删正之，其存者盖鲜矣。还抵故庐，又二载，始克缮写，抚卷而叹曰：嗟乎！夫子之道至矣微孟子，其孰能发挥之？方战国之际，在上者以强大威力为事，而在下则异端并作，充塞仁义。孟子独以身任道，从容乎其间。其见于用，则进退辞受，无往而不得；见于言，则精微曲折，无一之不尽。盖其笃实辉光，左右逢源，莫非天理之所存也。使后之人知夫人皆可以为圣人，而政必本于王道，邪说暴行无所遁其迹，而人之类免于夷狄禽兽之归，其于圣门岂小补哉！今七篇之书，广大包含，至深至远，而循求有序，充扩有方。在学者笃信力行何如尔。虽然，予之于此，盖将终身焉，岂敢以为成说以传之人哉？特将以为同志者讲论切磋之资而已。题曰《癸巳孟子说》云者，盖将此而有考于异日也。乾道九年十月二十日，广汉张栻序。

在这篇序言中，张栻首先对孟子之为人及所处的时代做了回顾。春秋战国时期，由于周王朝式微，群雄并起，争霸争权，相互攻伐。在此国家多难之秋，"孟子独以身任道，从容乎其间。……见于言，则精微曲折，无一之不尽。盖其笃实辉光，左右逢源，莫非天理之所存也。使后之人知夫人皆可以为圣人。"不仅如此，张栻还指出孟子是王道的推行者，霸道的挞伐者。总之，张栻认为孟子是孔子之后的又一圣人，孟子与孔子并列，二人的学说被称为"孔孟之说"。正是有基如此，所以张栻著《孟子说》，即所谓"予之于此，盖将终身焉"，"特将以为同志者讲论切磋之资而已"。以上即是张栻继《论语解》后又作《孟子说》的背景及其出发点。

张栻在《孟子原序》中说，《孟子说》是他戊子年（1168）所作，原文中的"与二三者讲诵于长沙之家塾"，可能是长沙岳麓书院，当时张栻是岳麓书院的主教。根据《孟子原序》记载，张栻作《孟子说》几易其稿。虽在戊子年有文稿，但"未及终篇"，第二年冬并没有定稿，辛卯岁（1171）又进行删改。这就是说，张栻对《孟子说》原稿删改的力度很大，"所存者盖鲜矣"，原稿的内容所存无几了。两年后，"始克缮写"，《孟子说》终在1173年定稿。可见，张栻作《孟子说》极费心力，极其认真，几易其稿，终于成篇。

张栻为了阐述《孟子说》的思想，在戊子年（1168）作讲义发题，现就其主要思想分述如下：

其一，"学者潜心孔孟，必得其门而入，愚以为莫先于义利之辨，盖圣学无所为而然也"。治儒学的学者都熟知，义利之辨是儒家的一个古老的命题。张栻亦承此论，他认为入孔孟之门，"莫先于明义利之辨"，只有如此，"性之所以不偏"。

其二，何谓义利之分呢？义与利之间的关系如何？"凡有所为而然者，皆人欲之私，而非天理之所存。此义利之分也。"这就是说，如果不从义利之辨入孔孟之门，以自己的所为而然，那么"皆人欲之私"，背离了天理。

其三，"一涉于有所为，虽有浅深之不同，而其徇己自私则一而已矣"。这就是说，如果不以义利之辨入孔孟之门，那么人之所为必被人欲所羁绊，人欲常有深有浅，但"徇己自私则一而已矣"。

其四，"学者当立志以为先，持敬以为本，而精察于动静之间"。何谓敬呢？敬是中国思想史上一个古老的概念，早在西周时代的书诰彝器中就已有所见，至宋代多为思想家所传承和阐发。如程颢说"主一之谓敬"。那么何谓一呢？"无适之谓一"，以一表示专心致志。既然如此，那么张栻所指"学者当立志以为先，持敬以为本"，即是要专心致志，一以贯之，无论在什么险恶条件下都要坚持敬不动摇。

其五，张栻说"古之学者为己，今之学者为人"，意思是古代学者为学毫无功利的目的，完全出于中国传统文化的影响。与此相反，"今之学者"完全出于功利的目的，是图名图利。

以上几点，就是张栻所作讲义发题所阐述的思想和主张，实际上也是《孟子说》的思想总纲。

《孟子说》由七个部分组成，即《梁惠王》（上、下）、《公孙丑》（上、下）、《滕文公》（上、下）、《离娄》（上、下）、《万章》（上、下）、《告子》（上、下）、《尽心》（上、下），涉及的问题很广泛。本章不拟对其进行一一解读，只分述其主要内容。

一、"王何必曰利，亦有仁义而已矣"

《孟子·梁惠王上》记述了梁惠王与孟子的对话——王曰："叟，不远千里而来，亦将有以利吾国乎？"孟子对曰："王何必曰利，亦有仁义而已矣。"

张栻对此对话加以注解说：

> 梁惠王与孟子相见之初，而遽发何以利吾国之问。盖自王者之迹熄，而霸说盛行一时，谋国者不复知义理之为贵，专图所以为利者。惠王习夫言利之俗，徒见强弱之相陵，巧智之相乘，知谋国有利而已，是以此问发于见贤之初也。孟子告之以"王何必曰利，亦有仁义而已矣"，先正其心，而引之

以当道也。于是言利之为害。盖王欲利吾国,则大夫欲利其家,士庶人欲利其身矣。上下交骛于利,而国其有不危者乎?……若在上者躬仁义以为本,则在下者亦将惟仁义之趋。仁莫大于爱亲,义莫先于尊君。人知仁义之趋,则岂有遗其亲而后其君者乎?

由此可见,张栻对梁惠王重利轻义的批判,可谓犀利深刻。

首先,张栻认为梁惠王问孟子的话表明"王者之迹熄,而霸说盛行",即以仁义治天下至梁惠王统治时已不复存在,"谋国者不复知义理之为贵,专图所以为利者"。一言以蔽之,张栻认为梁惠王唯以利益为是。

其次,"惠王习夫言利之俗,徒见强弱之相陵,巧智之相乘,知谋国有利而已",因此,梁惠王与孟子相见之初,遽发何以利吾国之问时,孟子告之以"王何曰利,亦有仁义而已矣"。张栻强调了儒家以义为先、以义导利和以义节利的思想。

再次,张栻以为所谓的仁义治天下,具体言之,治天下者"先正其心,而引之以当道也"。儒家创始人孔子曾指出,政者,正也,也就是说,统治者执政天下,说到底是走正道,否则就会把人引到邪道。这就是张栻的"先正其心,而引之以当道也"的本意。反过来说,如果以利当国,那么将带来"盖王欲利吾国,则大夫欲利其家,士庶人欲利其身"的严重后果。总之,张栻反对梁惠王视利高于一切的主张。他认为国兴民旺,唯有以仁义治天下,"若在上者躬仁义以为本,则在下者亦将惟仁义之趋"。

以上就是张栻对梁惠王与孟子对话所做的解读。张栻反对梁惠王言利,并不是说他不加区别地反对利,他反对和批判的是梁惠王的"以利为先,而不顾于义"。

二、"孟子知道,故知言。不知言,则诐淫邪遁足以乱之矣"

《孟子·公孙丑》记述了孟子关于"知言"与"知道"之间的关系的回答——"何谓知言?"曰:"诐辞知其所蔽,淫辞知其所陷,邪辞知其所离,遁辞知其所穷,生于其心,害于其政,发于其政,害于其事。圣人复起,必从吾言矣。"

张述对孟子上述问答做了如下解读:

> 孟子知道,故知言。不知言,则诐淫邪遁足以乱之矣。夫为诐遁淫邪之说者,盖本亦高明之士,惟其所见之差,是以流而不自知。诐淫邪遁此四者,足以尽异端之失矣。诐者,险辞也;淫者,放辞也;邪者,偏戾之辞也;遁者,展转而莫知其极也。今试证异端之说,可以推类而见。若告子杞柳杯棬,其诐辞也与?若杨氏为我,墨氏兼爱,其邪辞也与?至于淫遁之说,则列御寇,庄周之书具矣。夫其所为诐者,以其有所蔽而不通也;其所以为淫者,以其有所陷溺而荡也;邪者,以其支离而偏也;遁者,以其有所穷而展转他出也。所以知其然者,以吾不蔽不陷,不离不穷故也。孟子方论知言,而曰:"生于其心,害于其政,发于其政,害于其事。"盖中之所存,莫掩乎外;见乎外者,是乃在中者也。诐淫邪遁生于心,则施于政者,必有害;害于政,则害于事矣。论知言而及此,成己成物,无二故也。

在张栻看来,所谓知言即是明确自己应走的正确道路的意思,所谓"孟子知道,故知言",即是本意。反过来说,"不知言,则诐淫邪遁足以乱之矣",也就是说,人不知言,则必走上诐、淫、邪、遁的人生之路,从而迷失前进的方向。"盖本亦高明之士,惟其所见之差,是以流而不自知",即有见识高明的人,基于认识上的局限,也认识不到诐、淫、邪、遁的危害,从而任其广泛流行。那么何谓诐、淫、邪、遁呢?张栻做了详尽的解析。首先,他把此四者用四个字加以概括:"诐者,险辞也;淫者,放辞也;邪者,偏戾之辞也;遁者,展转而莫知其极也。"其次,他进一步解析说:"夫其所为诐者,以其有所蔽而不通也;其所以为淫者,以其有所陷溺而荡也;邪者,以其支离而偏也;遁者,以其有所穷而展转他出也。"在张栻看来,诐者指在人生路上偏离了方向,淫者指人生路上不仅偏离了前进方向,而且走入了歧途,邪者指人离开人生的康庄大道而步入邪道,遁者指人生已奔窜妄行于荆棘泥淖之中。以上就是张栻所说的"不知言,则诐淫邪遁足以乱之矣"的全部含义。

张栻认为，不知言会使人生迷失前进的方向，陷入荆棘泥淖之中不能自拔。因此，为了不使人在人生路上迷失前进的方向，所以"孟子方论知言"，而曰"生于其心，害于其政，发于其政，害于其事"。也就是说，不知言，不仅会使人迷失前进方向，对掌权柄的统治者而言，也会带来巨大危害，危害于政事和国事。

《孟子·离娄》记载："孟子曰：'离娄之明，公输子之巧，不以规矩，不能成方圆。师旷之聪，不以六律，不能正五音。尧舜之道，不以仁政，不能平治天下。今有仁心仁闻，而民不被其泽，不可法于后世者，不行先王之道也。故曰徒善不以为政，徒法不能自行。'"

对此主张张栻极为推崇，并详加作注解读：

> 离娄固明矣，公输子固巧矣，而不能舍规矩以成方圆也。师旷固聪矣，而不能舍六律以为五音也。尧舜之道固大矣，而其平治天下，必以仁政。惟夫能用规矩与六律，是所以为明也，为聪也，惟夫行仁政，是所以为尧舜之道也。有仁心仁闻，而不能行先王之道者，盖虽有是心，不能推而达之，故民不得被其泽，不足以垂法于后也。

张栻指出，即使有离娄那种敏锐的目力，有公输子（即鲁班）那样的技巧，如果不用圆规、曲尺，还是画不出圆形和方形，虽然音乐家师旷有审音的耳力，如果不用六律，也不能校正五音。同样，治理国家和天下也不能离开规矩。尧舜之道，虽有仁心仁闻，但不能行先王之道，虽有是心，但不贯彻执行，人民得不到好处与利益，同样"不足以垂法于后也"。

为了说明治国和治天下离不开规矩。张栻紧接着说：

> 《诗》所记率由旧章者，欲其遵先王之法也。夫规矩、准绳、六律，圣人竭耳目之力而制之者，故后世之为方圆、曲直与夫正五声者，皆莫得而违焉。至于不忍人之政，是乃圣人竭心思之所为，而仁覆天下者，然则后之为治者，其可舍是而不遵乎？不曰为之而曰继之者，盖竭其心思而其理继之，

乃天之所为，而非圣人强为之也。其于规矩、准绳、六律，亦然。为高必因丘陵，为下必因川泽者，为政者若不因先王之道，而出于私意，其得谓之智乎？仁者宜在高位，为其能以是心行先王之政也，不仁而在高位，则以其忍心行其虐政，是其在高位也，适所以播其恶于众耳。上无道揆者，不以先王之道揆事也；下无法守者，不循法度之守也。然而上道揆，则下无法守矣。

张栻此说包含多层含义：

其一，《诗》所谓"所记率由旧章者"，是指后世必须遵守的先王之法。何谓先王之法呢？"规矩、准绳、六律"是也，这些都是圣人定下的规矩，即所谓"圣人竭耳目之力而制之者，故后世之为方圆、曲直与夫正五声者，皆莫得而违矣"。也就是说，圣人所制定的这些规矩必须遵守而不得违反。

其二，不忍人之政，即推行仁政或者说推行王道，反对暴政和霸道，是"圣人竭心思之所为"，圣人费尽了心力，后世执政者岂可不遵守？

其三，张栻认为为政者不遵守先王的规矩，而以自己的私意妄为，这不能谓其聪慧，相反，乃是愚者所为。"仁者宜在高位"，有仁心的人适宜身居高位，作为治理天下的领导者，因为他能遵守先王的规矩即国家的典章制度，反之，不遵守先王定下的规矩，自行其是，"则以其忍心行其虐政，是其在高位也，适所以播其恶于众耳"。

其四，张栻说"上无道揆者，不以先王之道揆事也；下无法守者，不循法度之守也"，揆者即揣度也。这就是说，如果在上的统治者对先王之道不忠贞而采取揣度和怀疑的态度，那么下面的民众便会"不循法度之守也"，必将带来严重后果，"虽有高城深池，谁与守之？虽有坚甲利兵，谁与用之？虽有良田积粟，焉得而食之"？

以上四点，就是张栻所说"规矩尽天下之方圆，故为方圆之至；圣人尽人伦之道，故为人伦之至"的本意。

张栻学记内容概述

张栻一生著有多部学记,如《静江府学记》《袁州学记》《邵州复旧学记》《郴州学记》《钦州学记》《桂阳军学记》《雷州学记》《江陵府松滋县学记》《宣州学记》《潭州重修岳麓书院记》等,对秦汉以后儒学的千年发展和演变做了系统性的回顾和检讨。本章将归纳简述其学记的主要思想内容。

一、对理学先辈周敦颐的推尊

张栻为彰显理学先辈周敦颐对理学的创始之功,回顾和检讨了宋代以前儒学发展和演变的历程。他认为"自孔孟没,而其微言仅存于简编",意即孔子和孟子之后,儒家的微言大义被训诂和考据所湮没,不流传于世。为什么这样说呢?"更秦火之余,汉世儒者号为穷经学古,不过求于训诂章句之间。"这就是说,孔孟之书全被秦始皇焚书坑儒毁掉了,至汉代,自汉武帝"罢黜百家,独尊儒学"之后,儒学虽起死回生,但汉初的儒家经典只能依赖仅存于世的少数儒生的背诵记录,再用当时通行的文字隶书抄写出来。在孔子的旧宅与河间献王等处,发现战国时代遗留下来的经典,是用秦统一六国以前的篆书抄写的,称为古文经,用隶书写的则称为今文经。今文经学注重章句推衍,在于通经致用,发挥其微言大义;古文经学则看重章句训诂,把儒学经典视为古代史料。张栻所述"更秦火之余，汉世儒者号为穷经学古，不过求于训诂章句之间"，正是指此情形。正是基于此，所以"大本之不究，圣贤之心郁而不章，而又有颛从事于文辞者，其去古益以远。经生、文士自岐为二涂，及夫措之当世，施于事为，则又出于功利之末，智力之所营，若无所与于书者"。这就是说，治经的包括古文经学和今文经学的儒生和其他文人，似乎所走路径不同，但细究之，这二者并无本质上的区别，他们的聪明才智所图不值得称道。张栻认为在此儒者热衷于功利之末的思想支配下，"于是有异端者乘间而入，横流于中国，儒而言道德性命者，不入老，则入于释"。所谓"异端者"是指悖于儒家学说的老庄之学和佛学，具体所指即魏晋时期的玄学和唐代统治者奉行的佛学。

在老庄学和佛学流行之时，尽管"间有希世杰出之贤，攘臂排之"，但"而其为说复未足以尽吾儒之指归"，因此非但未能遏止异端之说横流，"反以激其势"。总之，孔孟儒家学说遭遇了空前的危机。张栻认为正当儒之道德性命之学受到老庄之学和佛学的威胁，理学家应应时而起。史家曾谓理学由"宋初三先生"所始，即胡瑗、孙复、石介三先生，但理学的正式开创者则是周敦颐。诚如黄宗羲在《宋元学案》中所说："孔子而后，汉儒止有传经之学，性道微言之绝久矣，元公（指周敦颐）崛起，二程嗣之。……若论阐发心性义理之精微，端数元公之破暗也。"张栻也说："河南二程先生兄弟从而得其说……学者始知夫孔孟之所以教，盖在此而不在乎他，学可以至于圣，治不可以不本于学。……然则先生（指周敦颐）发端之功，顾不大哉！"总之，张栻认为孔孟儒学至宋代才得以重见天日，从此所谓"诐、淫、邪、遁之说，皆无以自隐"，周敦颐具有盖世创始之功。为此，他又作《濂溪先生祠堂记》《南康军新立濂溪祠记》。不仅如此，张栻将周敦颐仅二百四十九字的《太极图说》推尊为宇宙生成论、人道论，其对周敦颐对理学的创始之功的推崇可谓不遗余力。

二、对宋朝教育和先辈历史功绩的检讨和评判

张栻所作学记大多从内容上看涉及对教育和先辈历史功绩的评判，而从时间上划分，则涉及宋朝和古代。

首先，张栻对宋朝的学校教育进行了评判。他说："国朝学校遍天下，秦汉

以来所未有也。"事实确是如此，从宋太祖立国到宋仁宗在位是学校大发展时期，教育突破了国子监、府学等官学的掣肘，在私学基础上发展起来的书院如雨后春笋般拔地而起，除闻名于世的"四大书院"外，诸如茅山书院、石鼓书院、华林书院、东佳书院等，均是私人自主创办，各级各类学校分遍天下，真可谓"秦汉以来所未有也"。这一现象引起了张栻的关注和思考："其惟古人，所以从事于学者，其果何所为而然哉？"难道这一现象是无缘无故出现的吗？质言之，这必有其因，张栻从理论的高度进行了分析和回答："天之生斯人也则有常性，人之立于天地之间也，则有常事。"何谓常性？简言之，即与人俱生的天性，也就是说，人降生于世界之时，天就赋予了人之天性，这就是人之为人的善本性。人性本善是先天注定的，人之所以为人，就在于人先天就具有其他生命体不具备的道德属性。

张栻认为，虽然人人皆有常性，但当人类组成生存生活的社会共同体以后，人与人之间的关系就发生了变化。张栻紧接着说："弗胜其事则为弗有其性，弗有其性则为弗克若天矣。克保其性而不悖其事，所以顺乎天也。"这就是说，人们要不悖其事，首先要克保其性，只有如此，才能顺乎天也。然而要做到这一切，离开学校教育能实现吗？张栻认为这是不可能的，必须依靠学校教育才有可能实现。

历史一再表明，人立于世界，生活在人与人之间关系极其复杂的社会，大至君臣、父子、兄弟、夫妇、朋友的五伦关系，小至视听言动，周旋食息，至纤至悉，何莫非事者？这就是说，大至五伦关系，小至"至纤至悉"的日常小事，一事处理不到位，那么与人俱生的天性必陷溺而不复存在。因此张栻认为"学所以明万事而奉天职也"，学习和接受学校的教育和培养，是所有的人认知万事万物的根本途径，反过来说，离开了学习和学校的教育，人就会永远陷于愚昧。

其次，张栻从《衡州石鼓山诸葛忠武侯祠记》中叙述了先秦至三国的历史，对诸葛亮忠君报国和以仁安天下的事迹做出了评判：

> 自五伯功利之说兴，谋国者不知先王仁义之为贵，而竞于末涂，秦遂以势力得天下，然亦遂以亡。汉高帝起布衣，一时豪杰翕然从之，而其所以

建立基本，卒灭项氏者，乃三老董公仁不以勇，义不以力之说也。相传四百余年，而曹氏篡汉。诸葛忠武侯当此时，间关百为，左右昭烈父子，立国于蜀，明讨贼之义，不以强弱利害二其心，盖凛凛乎三代之佐也。侯之言曰："汉贼不两立，王业不偏安。"又曰："臣鞠躬尽力，死而后已，至于成败利钝，非臣之明所能逆睹。"嗟乎！诵味斯言，则侯之心可见矣。……垂之万世，与日月同其光明可也。

张栻在这篇学记中对历史进行回顾和检讨，从头到尾贯穿着一条红线，这就是谋国者必须以仁义取天下。首先，他批评战国时代各国"不知先王仁义之为贵"，相互攻杀。秦王朝凭借武力灭亡六国，建立了庞然大国秦帝国。统治者嬴政以为凭借暴力可使江山永固，自取名为秦始皇。然而愿与事违，秦王朝短命而亡。秦王朝奉行"不养恩爱之心，而增威严之势"的暴力统治，失去人心，必然自取灭亡。

然与此相反，刘邦仅是一小小亭长，但他揭竿而起，参加了秦末农民起义军，高举反抗暴政的旗帜，深得民心，"一时豪杰翕然从之"，击败了秦军，而且在楚汉战争中击败了强敌项羽，最终坐上最高统治者的宝座，开创了汉王朝。张栻认为，汉王朝与暴秦统治最大的不同，就在于刘邦摒弃了秦王朝的暴力统治，而以孔孟儒家思想治国。刘邦建国后，宣布以孝治天下，孝既是基本的政治原则，也是最基本的道德原则。

为了彰显孝，汉代的皇帝多以孝冠名，孝文帝、孝景帝、孝武帝是也。尊老、爱老、养老成为汉王朝的国策之一。据史家记载，汉王朝的老人全由国家供养，丝帛、大米、酒肉，全由国家供给。年岁越高，国家奉养的食物越多。据《汉书·成帝纪》记载："老者非帛不暖，非肉不饱，今岁首，不时使人存问长老。……年八十以上，赐米人月一石，肉二十斤，酒五斗；其九十以上，又赐帛人二匹，絮三斤。"文景二帝推行"三老"国策，至东汉光武帝时仍如此。在张栻看来，汉代无论是实施孝道，还是以儒治国，都是董仲舒"仁不以勇，义不以力"之说的具体表现。

刘汉王朝相传四百年后，至东汉末年被曹氏篡夺，曹操挟天子以令诸侯，汉王朝名存实亡。虽然如此，但刘汉王朝血脉仍存，刘备在诸葛亮的辅助下建立蜀汉政权，诸葛亮为恢复刘汉正统统治，曾发誓"汉贼不两立，王业不偏安"，斥曹操为奸臣和汉贼，与之势不两立，并为此献出了他的一生。张栻在《衡州石鼓山诸葛忠武侯祠记》中表达了对诸葛亮忠君报国精神的感触，认为诸葛亮"虽不幸功业未究，中道而殒，然其扶皇极正人心，挽回先王仁义之风，垂之万世，与日月同其光明可也"。

不仅如此，张栻为了说明忠君是历代忠臣必须遵守的大义，提出了"君为臣纲"的"三纲"说：

> 夫有天地则有三纲，中国之所以异于外域，人类之所以别于庶物者，以是故耳。若汩于利害之中，而忘夫天理之正，则虽有天下，不能一朝居，以侯所以不敢斯须而忘讨贼之义，尽其心力，至死不悔者也。方天下云扰之初，侯独高卧，昭烈以帝室之胄，三顾其庐而后起从之，则夫出处之际，固已有大过人者。……曾子曰："士不可不弘毅。"若侯者，其所谓弘且毅者欤！孟子曰："富贵不能淫，贫贱不能移，威武不能屈。"此之谓大丈夫若侯者，所谓大丈夫非耶？侯既没，蜀人追思，时节祭于道。

检视历史，"三纲"常与"五常"并提，是维护封建统治的基本政治原则，其最早的提出者是儒家。孔子在与齐景公的一次对话中，就提出了"三伦"。孔子说："君臣、臣臣、父子。"以后，在孟子、孔子的基础上增加了"夫妇有别"一伦，把"三伦"表述为"父子有亲，君臣有义，夫妇有别"。到韩非子时则把"三伦"正式确定为封建宗法关系的政治原则。韩非子说："臣事君，子事父，妻事夫。三者顺则天下治，三者逆则天下乱，此天下之常道也。"把三伦关系看成治国执政的根本原则，实际上三伦关系已经演进为三纲关系，即所谓"君为臣纲，父为子纲，夫为妻纲"。

张栻在《衡州石鼓山诸葛忠武侯祠记》中并不是一般地论述三纲关系，而旨在表彰诸葛亮忠君报国的精神。首先，诸葛亮虽在东汉末年与曹操同朝，但他始终不忘自己是刘汉王朝的子民，虽然独居卧龙岗，但他并不忘讨贼之义。刘备三顾茅庐邀请诸葛亮出山，诸葛亮从之，并以隆中对为刘备谋划恢复汉室的大计。对于诸葛亮的隆中对，张栻曾评价说："其治国立经陈记，而不为近图，其用兵正义明律，而不以诡计。凡其所为，悉本大公，曾无纤毫姑息之意，类皆非后世所可及。"而诸葛亮在北伐临行前所上的《出师表》，更是感天动地。

张栻还指出，后世在衡州石鼓山建诸葛武侯祠是有其原因的。他说："按《蜀志》，昭烈牧荆州时，侯以军师中郎将驻临蒸，督零陵、桂阳、长沙三郡，调赋以供军实。临蒸，今衡阳县是也。蒸水出县境，经石鼓山之左会于湘江，则其庙食于此固宜。"

综上所述，张栻的《衡州石鼓山诸葛忠武侯祠记》，不仅表彰了诸葛亮的忠君报国思想，挞伐了曹操篡汉的图谋，又稽考了在衡州石鼓山建诸葛忠武侯祠的原因。《衡州石鼓山诸葛忠武侯祠记》同张栻其他的学记一样，是对先贤历史功绩的推尊，也是对历史的检讨和批判。

后记

本书是笔者继1991年出版《张栻与湖湘学派研究》之后的又一部作品。

长期以来，学术界所关注的是对理学中的程朱与陆王两大学派的研究，对理学中独树一帜的性本论者且为湖湘文化奠基者的张栻思想的研究却鲜有人涉及，直到1987年笔者恩师侯外庐先生的巨著《宋明理学史》首次列专章把张栻思想报览于世。先生开始的工作对笔者有诸多的启发，因此意欲继先生之后，写一本张栻的专著，此想法极得先生赞同，给了多方的支持。

张栻作为一个伟大的思想家，英年离世，他的著述未及整理。张栻门生众多，但大多在他的影响下走上了抗金斗争之路，未能顾及先生著述的整理。张栻的著作虽得契友朱熹收集，辑有《南轩先生文集》，但仍有许多未被收入。因此，系统而全面地收集张栻著述的资料，尚是一项全新的工作，是开展张栻思想研究的重要一步。为此，笔者曾搜寻湖南大学图书馆的藏书，查遍了湖南省图书馆所藏的古代图书，但张栻几部重要著作《南轩易说》《南轩论语解》以及他与朱熹的往来书信等未被收集。为了在研究中掌握有关张栻的翔实资料，笔者不得不去北京国家图书馆查找。由于没有专门的出差经费，加之在京的时间较长，笔者致信恩师侯外庐，请求住在历史研究所，先生来信深表欢迎。他在历史研究所为笔者准备了一间工作室兼卧室的房子。先生的学术秘书芦仲锋研究员和思想室主任黄宣民研究员（此二人都是笔者同门师兄）亲自为笔者借书和提供资料，其中《南轩易说》便是从历史研究所新购置的一批书中发现的。1984年暑假，笔者在北京度过了二十八天，对张栻研究资料的收集工作告一段落，并于1984年9月开始了对张栻思想的研究。1991年，笔者在湖南教育出版社出版了《张栻与湖湘学派研究》，这是继恩师侯外庐先生巨著《宋明理学史》单列张栻思想研究专章之后，一部关于张栻思想研究的专著，实现了先生的夙愿。先生彼时虽已长眠北京八宝山，看不到学生的专著，但希望这本书可以告慰先生。

张栻是岳麓书院的太老师，掌教书院八年，是湖湘文化的奠基人，对张栻的研究始终是岳麓书院的课题。邓洪波教授以巨大的精力，整理和校点了《张栻集》上下册这部一百多万言的巨著，可以说这是一部张栻研究材料的大全。

《张栻集》下册的出版，大大开阔了笔者的视野，笔者读到了许多前所未见新材料。因此，笔者认为《张栻与湖湘学派研究》在占有材料和内容阐发上，都显得非常不够，有必要重新构思关于张栻研究的专著，由此萌发了著张栻新传的心愿，希望能写出一部反映新材料及解读新材料时的新心得的《张栻传》。

经过两年多的伏案笔耕,完成了本书。书中《张栻湖湘学与朱熹闽学》一章,原为朱汉民所著。

陈谷嘉

二〇二一年八月

于岳麓山家邸

图书在版编目（CIP）数据

张栻传/陈谷嘉著.—成都：天地出版社，2022.5
（四川历史名人丛书.传记系列）
ISBN 978-7-5455-6646-8

Ⅰ.①张… Ⅱ.①陈… Ⅲ.①张栻（1133-1180）-传记 Ⅳ.①K825.1

中国版本图书馆CIP数据核字（2021）第214729号

四川历史名人丛书.传记系列
ZHANGSHI ZHUAN

张栻传

出 品 人	杨　政
作　　者	陈谷嘉
责任编辑	孙　晖　蔡龙英
封面设计	今亮后声
电脑制作	跨　克
责任印制	刘　元

出版发行	天地出版社
	（成都市锦江区三色路266号　邮政编码：610023）
	（北京市方庄芳群园3区3号　邮政编码：100078）
网　　址	http://www.tiandiph.com
电子邮箱	tianditg@163.com
经　　销	新华文轩出版传媒股份有限公司

印　　刷	河北鹏润印刷有限公司
版　　次	2022年5月第1版
印　　次	2022年5月第1次印刷
开　　本	710mm×1000mm　1/16
印　　张	13
字　　数	212千字
定　　价	49.80元
书　　号	ISBN 978-7-5455-6646-8

版权所有◆违者必究

咨询电话：（028）86361282（总编室）
购书热线：（010）67693207（营销中心）

如有印装错误，请与本社联系调换。